吉　昊◎著

深圳出版社

图书在版编目（CIP）数据

八面玲珑 / 吉昊著 . -- 深圳 : 深圳出版社 , 2025.
8. -- ISBN 978-7-5507-4378-6

Ⅰ . C912.11-49

中国国家版本馆 CIP 数据核字第 20250Z4J27 号

八面玲珑

BAMIAN LINGLONG

出 品 人　有度时代
策划编辑　韩海彬
责任编辑　敖泽晨
责任校对　莫秀明
责任技编　郑　欢
装帧设计　王　辉
排版制作　王　辉

出版发行　深圳出版社
地　　址　深圳市彩田南路海天综合大厦（518033）
网　　址　www.htph.com.cn
订购电话　0755-83460239（邮购、团购）
印　　刷　三河市金元印装有限公司
开　　本　787mm × 1092mm　1/16
印　　张　11
字　　数　192 千
版　　次　2025 年 8 月第 1 版
印　　次　2025 年 8 月第 1 次
定　　价　59.80 元

前言

我们每个人都如同置身于一场永不落幕的戏剧之中，扮演着不同的角色，与形形色色的人交织互动。处世，这一贯穿我们生活始终的课题，如同一把万能钥匙，能为我们打开通往成功、和谐与幸福的大门；但如果处理不好，它也可能使我们的路越走越窄，最终将我们逼进死胡同。

处世，绝非简单的社交技巧堆砌，而是一门融合了智慧、情商与洞察力的综合艺术。它关乎我们如何与他人建立良好关系，如何在复杂的人际关系网络中找准自己的位置，如何化解矛盾冲突、赢得他人信任与支持。

善于处世的人，能够在职场中左右逢源，轻松应对各种挑战，实现事业的高歌猛进；

在家庭里，他们能营造温馨和睦的氛围，让亲情之花绽放得更加绚烂；

在社交场合中，他们更是焦点所在，可以凭借独特的人格魅力吸引众多朋友。

相反，若不懂处世之道，即便才华横溢，也可能在人际交往中处处碰壁，错失诸多宝贵机遇。

而人性作为处世的基石，是我们理解他人行为动机、把握人际关系走向的关键。

人性是复杂多面的，既有善良、宽容、诚实等美好的一面，也有自私、贪婪、嫉妒等阴暗的一面。每个人都在人性的驱使下行动，只有深入了解人性，我们才能洞察他人内心深处的真实想法，预判其行为走向，从而做出最恰当的回应。例如，明白人性中对尊重与认可的渴望，我们就能在与人交往中多给予赞美与鼓励，收获对方的善意与好感；知晓人性中对损失的恐惧，我们在谈判或协商时便能巧妙运用这一心理，达成更有利的结果。

《八面玲珑》这本书，正是基于对处世与人性关系的深刻洞察，为广大读者精心打造的一本实用型生存指南。本书摒弃了空洞的理论说教，通过大量真实生活中的常见案例，从心理学、社会学等多学科角度，现场教学，深入挖掘人性背后的深层次原因，让读者对人性有全面、深入且清晰的认识。

基于对人性的精准把握，书中总结了一系列切实可行的处世方法和策略，涵盖职场、沟通、社交、应酬等各个方面。这些技巧简单易学，操作性强，读者可以即学即用，迅速提升自己的处世能力。特别需要说明的是，处世和为人需要讲究策略和技巧，这并不意味着我们主张去算计和利用别人，而是在洞悉人性的前提下，与他人更和谐地相处。真正能在社会上呼风唤雨的成功人士，靠的还是正能量，而不是厚黑学。

这本书不仅向读者讲明了处世“是什么”“为什么”，更着重指导读者“应该怎么做”。书中每一章节都配有详细的实践步骤和注意事项，引导读者将所学知识运用到实际生活中，真正做到学以致用。

目录

01

守拙：越展示自己聪明的人，往往掉线越快

过人的本事，不要使在明处

凡事不要太较真，容易得罪人。
本事不要全用完，要学会留几分。
说话不要太直接，学会给人留面子。
跟自己利益不相关的事情，不需要反驳。

男孩请几位同学来家里玩，结果同学把房间弄得一片狼藉。

同学离开后，男孩一个人花了一下午时间做大扫除，爸爸问他为什么不请同学们一起收拾，男孩回答说，既然不打算再邀请他们到家里来，又何必得罪他们呢？那时他才 12 岁。

多年后，男孩考入人民大学。有位室友买了一个臂力棒，掰了二十几下便没了力气，他问男孩能掰多少下。男孩含糊地回答说和你差不多，室友不信，拉着他打赌说，如果男孩能够掰到 30 下，就给他 500 元钱。

男孩笑了笑，接过臂力棒便掰了起来，其他室友帮忙计数。当数到 20 下时，打赌的同学脸色变了，当数到 29 下时，男孩突然停下，说掰不动了。整个宿舍静得出奇。

男孩大学毕业后进了一家世界 500 强公司。第一次开工作会议，领导点名时错将王轶念成了王铁，结果呢没有人答应。这时候王轶站起来说："我叫王轶，不叫王铁。"引得全场哄堂大笑。领导脸上多少有点挂不住了，这时候，男孩站了出来，连忙道歉："对不起，领导，是我不小心把名字给打错了。"

领导狠狠批评了男孩。一周以后，男孩顺利转正，而王轶因为沟通能力差，并没有通过试用期。

高手过招

人际博弈的本质是"心理账户"管理，留余地就是往对方的账户里存入"愧疚感"

或“感激感”，关键时刻用以兑换生存资源。真正的处世高手，总能在冲突中砌出台阶，在较量里埋下伏笔，在胜负之外构建出一张张隐形的“人情债券”。

招式一：用“未完成态”保持关系弹性

通过模糊化处理降低事件冲击力，在行动中预留弹性空间。既暗示实力，又给对方留足面子，避免“碾压式胜利”引发敌意。

招式二：用“心理按摩”兑换实际利益

将个人胜利转化为团队成果。团队任务中不抢风头，主动揽责，实则是将个人风险转化为团队凝聚力，让大家在“需要你”的情绪中自动向你进行回馈。

招式三：阶梯式暴露

像剥洋葱一样释放能力。你最好在职场中逐步展现才华，而非一次性“全盘托出”，让上级在“不断发现惊喜”中持续给予你机会。

别要低层次的小聪明

聪明是好事，但也未必总是好事。
多少人栽跟头，就栽在了“聪明”二字上。
就像老辈人常说的：“算盘打得精，最后输精光。”
那些总想走捷径的人，到头来才发现自己把路走窄了。

有位富商叶落归根想回乡办厂，希望找个人帮自己代管工厂。消息像风一样吹遍县城，各路能人提着礼品踏破门槛，都想着分一杯羹。老先生挑花了眼，最后定下两个候选人，打算用一盘棋决定与谁合作。

那天茶楼里，紫砂壶冒着热气，檀木棋盘泛着光。先上场的后生穿件洗得发白的衬衫，落子时指节都绷着劲。老先生棋风如潮，他便像礁石般稳稳顶住；对手攻势如针，他便似春风化雨。收官时老先生险胜半目，年轻人起身作揖：“先生，我输了。”眉眼间没有半点不甘。

第二位登场时，空气里飘着股山雨欲来的味儿。棋至中盘，老先生起身沏茶，玻璃幕墙把他的影子映得清清楚楚。就在转身刹那，年轻人手指闪动——偷偷换了枚棋子。他自以为神不知鬼不觉，却不知这小动作早被幕墙出卖。

不出意外，他赢了。老先生并未当场拆穿。

“我选输棋的那个小伙子。”老先生端起茶盏轻呷一口。

“为什么，你们这是内定好的吗？如果是这样的话为什么还叫人来比试？掩人耳目吗？我要拆穿你们的黑幕！”

“下棋见人品，做事见心性。”老先生说完这句话，便不再言语。

高手过招

于人生波澜中成功上岸的人，早把人性看到八分透彻，所以大多不会去和那些喜欢走捷径的人相处。这样的人固然有些小聪明，但心思过于活络。说白了，就是不可靠。

记住，别人决定是否扶植你的主要因素，第一是可靠，第二才是价值。

招式一：厚道是高级的精明

利益要拿得光彩，输要输得坦荡。那些总想钻空子的人，就像在沙滩上盖楼，潮水一来就现了原形。简而言之，吃相要好看。

招式二：细节是硬伤的照妖镜

生活总在不经意间考查人。那些自以为聪明的小动作，在时光的显微镜下，比舞台上的小丑还扎眼。

招式三：真诚是最强的通行证

以为别人愚笨的人，自己才是最大的笑话。别人不愿意拆穿，只是不想让彼此难堪罢了，但在心里早已给爱耍小聪明的人打上标签——此人不可深交。

要学会把算盘藏在“笨操作”里

算盘打得越响的，越容易掉进精明的陷阱。
反倒是那些看似吃亏的“笨操作”，
完全不露声色，便把人心、风险、未来都算计得明明白白。
毕竟，高级的博弈，从来不是针锋相对，而是暗中布局。

某景区定价：坐缆车 20 分钟要 80 元，逛遍 26 个景点却只收 30 元。这看似赔本的买卖，实则是把游客心理拿捏得死死的：

坐缆车的多是走马观花的人，连瓶水都懒得买；而逛景区的游客，需要在景区解决午饭，可能会买纪念品，说不定还要坐观光车、租讲解器。景区算的是连环账，用低价门票把人留住，紧随其后的消费自然源源不断。

有个石场老板，每年花高价租下采石场周边的荒地，却任其长草撂荒。周边村民笑他“人笨钱多”，殊不知这招暗藏玄机——他是为了阻断地产商打这片荒地的主意。

试想，若是采石场周边盖起楼盘，业主们必然会投诉爆破声扰民，到时候相关部门一纸禁令，老板的财路是不是就彻底断了？

就像潮汕商人说的，“赚快钱不如赚安心钱”，眼前的小亏，换来的是长久的太平。

高手过招

真正的处世高手不会让人轻易看穿自己的心思，他们最擅长的就是把精明藏在糊涂里，让算计裹上憨厚皮。老话讲“傻人有傻福”，其实这是大智若愚，背后藏着的是四两拨千斤的处世哲学。

招式一：懂让利才能巧套利

景区门票低价的“亏”，和超市特价鸡蛋的道理如出一辙。用低价吸引人流，靠关联消费赚钱。就像火锅店用免费冰激凌引流，结账时才发现，光调料费就赚回了本。

招式二：让防范走在动作的前面

石场老板看似花了冤枉钱，恰似下棋时的“闲子”。人性世界里没有真空，今天不设防，明天就得为各种突发状况买单。出海前多检查三遍缆绳，总比在风暴里修船强。

招式三：糊涂是最妙的聪明

当所有人都在算计如何多赚 10 块钱时，真正的高手却在算如何避免损失 100 块。就像太极推手，看着是退，实则是借力打力。那些被嘲笑的“笨操作”，往往是堵死了所有潜在风险。

揣着明白，知道怎样装糊涂

有些人觉得自己很通透，其实在别人眼里就是个透明人。
有些人看上去笨头笨脑，其实寻常人根本看不透他心机有多深。
让人一眼就看穿的心机，不是聪明。
总以为在别人那里占了便宜的人，其实别人只是懒得拆穿他而已。

大伟头脑似乎有点简单，常被同龄人戏弄。

某天，一个同学一手攥着 5 元钱，一手攥着 1 元钱，问他："大伟，你要哪个？"

大伟伸手接了 1 元。周围人哄笑："真笨！5 元的不要，偏要 1 元的！"

消息传得飞快，十里八乡都拿这件事当笑话。很多人不相信，专程跑来试探他，结果大伟每次都选 1 元的。

大伟的"傻"于是越传越广，最后成了他的标签，很多人或许不知道县长长什么样，但看到大伟，绝对能够一眼就认出来。然后便上前继续上一次的恶作剧："大伟，你要哪个？"

如果这时候身边有女朋友，往往还要多试几次，然后扭头对女友说："你看，这世上真有这么笨的人。"

大伟则总是"呵呵"地笑着。

终于有一天，大伟爸爸忍不住了，气得要打大伟："整天给我丢人现眼，难道你连 5 元钱和 1 元钱都分不清大小吗？"

大伟呵呵地笑着："如果我要了 5 元钱，就没人愿意再来试了，我以后连 1 元钱也赚不到了。"

房价上涨以后，很多同龄人还在望洋兴叹，大伟已经在县城全款买了一套大户型。

高手过招

装糊涂不是真愚钝，而是用空间换时间，用让渡换复利的顶级生存智慧。

这种能力在碎片化时代尤为重要，因为真正的机会往往藏在持续互动背后的隐性网络中。

招式一：主动设计行为剧本

把被动应付变成诱导参与，永远比对方多想一步：对方笑我傻，我就把傻演到底；对方想看热闹，就把热闹变成长期互动。当所有人都觉得你单纯时，你的“单纯”就成了流量入口。

招式二：用让渡换取复利

短期的吃亏不必计较，把它当作长期收益的起点。就像钓鱼，舍得打窝子，才能钓到大鱼。大伟的“窝子”，就是他精心设计的长期收益模型。

招式三：自我钝感力经营

钝感力不是真傻，而是把“被伤害”转化为“被需要”。大伟把“被嘲笑”转化为社交货币，让每个人在笑谈中成为他的传播者。这种钝感力，本质是情绪价值的反向输出——他通过扮演弱者，满足了他人的优越感，从而获得利益。

熟人面前别炫富，生人面前不露穷

不轻易相信人，但要相信人性。

你说出去多少秘密，就有多少危险在等待着你。

有钱的时候装没钱，别人才不会羡慕、嫉妒、恨。

没钱的时候装有钱，别人才愿意给你机会。

20年前，汪洋在村里边喝多了，逢人就说今年养牛蛙赚了很多钱。没过几天，相关部门就来核查了，最后认定他的养殖不够规范，存在破坏生态环境的隐患，必须整改。

这一折腾，汪洋赔了不少钱。

汪洋走投无路，于是来到上海，在一家化妆品公司做销售员，在向阔太太们推销化妆品时总是被嗤之以鼻。

汪洋很不解：这么好的产品为什么没人愿意试试呢？

直到有一天，一位贵妇皱着眉头说："你穿得这么寒酸，能有什么好产品，我的皮肤可娇贵得很呢！"汪洋才恍然大悟。

第二天，汪洋便花两个月工资买了一套体面的西装，业绩自此也好了起来。

攒下第一桶金以后，汪洋去温州做皮革生意赚了大钱，然后和村花杨二妞结了婚，在上海买了一套别墅。

这次他连父母都没有说。亲戚朋友问他最近这几年过得怎么样？他就说自己现在给人家打工，一个月的工资也就3000多块钱，全家还都在租房子住。

有时候迫不得已开车回村，他就说自己的车是租的。

亲戚朋友听完都鼓励他好好努力，然后村里就议论开了："老汪家那小子啊，从小看他就没有大出息。"

汪洋现在的生活很惬意，日进斗金，娇妻在怀，没有人跑来向他借钱，也没人挖空心思去找他厂子的麻烦。

高手过招

熟人需要“安全感”（你不如他），生人需要“确定感”（你值得合作）。真正的处世高手，能在喜宴酒桌上扮演穷亲戚，也能在社交酒会上扮演社会精英，他们钱包里的每张钞票，都藏在不同的马甲之下。

招式一：准备两套剧本

对熟人：用“寒酸”换取心理安全，用“自嘲”消解嫉妒攻击；

对生人：用“包装”换取机会门票，用“包装”撬动资源倾斜。

招式二：让真相永远隔着一层雾

释放模糊信息，既非谎言，也绝不触及核心。让怕你富者觉得你穷，让目标人群觉得你前途无量。要让别人觉得他们看透了你，但永远无法拼凑出关于你的完整图像。

招式三：反向利用人性弱点

全款买的车子、房子，你不妨说是贷款买的，主动暴露“可控缺陷”，激发他人的优越感，这样别人才会心理平衡，从而降低被针对的风险。

把刀柄递出去，关键时刻能保命

人性深处藏着把无形的刀，刀尖永远对着功高者、才盛者、富足者。
当你攥紧刀柄时，刀刃便悬在头顶；
若将刀柄塞进旁人掌心，反而能换来喘息之机。

萧何坐镇关中时，律令藏于私府，钱粮过其双手，百姓只知有萧相国而不知有汉王刘邦。

某天，门客一语惊醒梦中人："您已站在人臣之巅，再进一步便是万丈深渊。"

萧何非常惶恐，于是胆战心惊地隐藏锋芒，生怕刘邦哪天随便找个理由杀掉自己。

不久，刘邦率军出征，留吕后及萧何镇守关中，萧何趁机强占民田、美宅，强夺他人妻女为婢妾，一时间，民怨沸腾，怨声载道。

刘邦凯旋还朝时，老百姓拦路控诉萧何禽兽不如。刘邦表面正气凛然，心中却有说不出来的高兴，做做样子训斥了萧何几句，从此不再担心萧何会功高震主了。

高手过招

世上最锋利的刀，从来不是青铜锻造的兵器，而是人心里的猜忌。当你展露优势时，旁人便在暗处磨刀；当你暴露瑕疵时，对方反而会收刀入鞘。真正的聪明人懂得把弱点做成灯笼，在自己处于弱势地位时，让强势的潜在威胁者始终以为自己掌握着生杀大权。

招式一：藏锋——把刀刃融进月光里

真正的藏锋不是收剑入鞘，而是将利刃淬炼成无形，让对手看见你想让他看见的锋芒，把真正的杀招藏在认知盲区。就像深海中的蛟龙号，表面是笨重的铁罐，内部却藏着精密的声呐系统——当世人嘲笑它行动迟缓时，它已悄然绘制出整片海底地形图。

招式二：示钝——在棋盘边缘埋下棋筋

示钝的至高境界，是让对手误将棋筋当作废子。用可控的破绽构建全局思维，让对手在惯性中走入你的布局。就像魔术师故意让观众看到左手的红球，右手的鸽子早已飞出窗外。

招式三：养晦——把根系扎向生存资源

养晦不是蛰伏，而是将根系扎向更深层的生存资源。在明处溃败时，暗处必须完成资源重构。就像沙漠里的骆驼刺，地上部分枯萎时，地下根系正在编织更大的生存网络。

看破别说破，说破是罪过

世上 99% 的真相没必要说破，说了要么得罪人，要么显得你愚蠢。
大家装聋作哑是默契，你非要喊“皇帝没穿衣服”，最后裸奔的就是你。
话能顺着说就别呛着说，好好说话不仅是修养，更是智慧。
别人爱听什么，远比你想说什么更重要。

茶水间的微波炉“叮”地响起时，陈默正对着销售部实习生演示 Excel 函数。“其实你们王经理给的模板有问题，每次下拉都会错位，上次财务部……”话音戛然而止——王经理端着保温杯出现在门口。

部门聚餐大家开着玩笑，陈默晃着酒杯说：“你们说陈部长脸上的伤真是磕坏的吗？我看怎么像被人挠的？”

跨部门会议中，陈默突然截断总监的话头：“这个 OKR 设定逻辑有问题，上周沈总让我做绩效模型时……”

每次陈默说完，会议室都会陷入短暂的凝滞，随后此起彼伏的咳嗽声打破沉默。

季度总结会，陈默第三次举手要发言时，陈部长突然合上笔记本：“陈默，你负责的客户满意度调研，为什么比预定时间晚三天？”

“因为……”陈默刚要开口解释，陈部长已经调出邮件记录：“上周三下午三点，你说打印机故障需要维修；五点又说 U 盘中毒数据丢失；昨天终于交来的报告里，客户年龄分层还是错的。”他推过一份红头文件，“根据公司规定，连续两月绩效垫底，解雇！”

高手过招

看破别说破，说破是罪过。记住，看透是眼力，懂得装糊涂才是本事，非要说破的人，不是直肠子，是情商低。真正的高情商，会把看透的事烂在肚子里，把装

糊涂的功夫练到骨子里。

招式一：装傻充愣

遇人出丑或犯错，立刻低头玩手机，或夸一句“这操作有意思”，把尴尬消弭于无形。

招式二：模糊共情

朋友失意的时候，不要说“当初你要是听我的”，而最好告诉对方：“正好，我冰箱有酒，陪你喝到天亮。”

招式三：隔山打牛

若必须点醒对方，语气要委婉一点：“我朋友上次也遇到这事，后来……”把话点破但别沾因果。

掌握配角精髓，懂得玉韫珠藏

和女领导相处，多当配角，少出风头；
和男领导相处，多当学生，少显能耐；
和直属领导相处，多用态度，少用专业。
枪打出头鸟，不要在领导面前张扬自己，这非常重要。

相传古代有位宰相，他的妻子经常进宫陪太后聊天。有一天，太后留宰相妻子一起用膳，其间端上来一道鱼。太后得意地介绍说：“此鱼名为子鱼，味道极其鲜美，外边吃不到。只可惜，今年的子鱼鱼情不好，进贡得少，个头也小。”

宰相妻子看一眼，随口说：“这种鱼我家有很多啊，而且也要大很多，回头我给太后您送来一些。”

太后听后并没有说什么。

宰相妻子回家后，立刻命人准备子鱼，打算送进宫去。正巧宰相回来看到这一幕，问清缘由后，吓得魂飞魄散，破口大骂道：“太后都吃不到的美味，咱们家却应有尽有，你是嫌咱们这些人命长了吗？”

宰相妻子人都吓傻了，连忙问该怎么办。

宰相沉思一阵，说道：“你派人去菜场买 100 条大青鱼，明天就给太后送过去。”

青鱼和子鱼看上去很像，但青鱼极其常见，寻常百姓都吃得到。

翌日，宰相妻子将鱼送进宫中，还对太后说：“太后您看，这种鱼我们家是不是有很多？我没有说谎吧。”

等宰相妻子走后，太后哈哈大笑，对身边太监宫女说：“我就知道这个女人没见过世面，连青鱼和子鱼都能搞错。”

高手过招

在权势者面前收敛锋芒的本质，是通过自我矮化完成反向权力驯服。当你学会用“青鱼”替换“子鱼”，用“我错了”替代“我反对”时，就能在职业成长中，把每一次危机都转化为晋升的垫脚石。

招式一：多当学生，少显能耐

不要在酒桌上炫耀专业技能，男领导更看重可控性而非能力值。在项目成功后强调“多亏您当初的指导”，满足领导对“导师角色”的心理需求。

招式二：设置安全距离

用“态度”构建心理边界，既承认权威，又保留专业底线。避免用事实反驳领导，即使你是对的——在权力不对等时，态度比真相更优先。

招式三：构建依赖闭环

通过“请教—执行—反馈”的循环，将领导变成你的“资源提供者”。当他越多投入沉没成本，就越不会打压你。

不该说话的时候，一定要憋得住

领导情绪不佳时，不要去参与争议话题；
决策未定前，别轻易否定上级的初步构想；
同事间矛盾激化时，不站队、不传话，保持中立。
可以建议，但不要冲撞，说话前要想明白自己的身份和地位。

汉武帝刚即位时，广招天下良才，公孙弘以贤良征为博士。他奉命出使匈奴，回来向汉武帝汇报工作时，因为与皇上意见不和，在朝堂上当场顶撞汉武帝，随后被迫“主动辞职”。

数年后，汉武帝再征天下有才能的人，公孙弘又被提名为对策第一。重新进入官场，公孙弘一改昔日较真的态度，凡事都保持低调。在工作会议上，公孙弘再也没有与汉武帝发生过争执，凡事都以汉武帝的意见为大方向，即便心里有异议，也会含糊其辞，请汉武帝自己拿主意。不到一年，公孙弘就被提拔为左内史官。

有一次，公孙弘和汲黯商量好要纠正皇帝的错误决策，谁知看到汉武帝脸色不好，公孙弘竟当场放弃主张，表示皇上您是个明君，自行按圣意决断即可。

汲黯气坏了，当庭责问公孙弘说：“齐国人都这么狡诈吗？如此阳奉阴违，你有道德吗？”

汉武帝于是问公孙弘：“汲黯说的是真的吗？”

公孙弘谢罪说：“如果了解臣的为人，便会说臣忠诚；如果不了解臣的为人，便会说臣不忠诚！”汉武帝见他回答如此机巧妥当，十分满意。从那以后，左右幸臣每次诋毁公孙弘，汉武帝都会为他开脱，数年后，公孙弘又被汉武帝提到丞相位。

按照惯例，汉朝官员爵位在列侯以上才能拜为丞相，公孙弘没有爵位，汉武帝于是直接下诏封他为平津侯。

高手过招

职场如棋局，落子需谨慎。真正的聪明人，懂得在喧嚣中保持清醒，在沉默中积蓄力量。少一句无关痛痒的辩解，多留一分深思熟虑的余地；少逞一刻口舌之快，多赢一分人心所向。如此，方能在复杂局势中立于不败之地，将每一次“少说话”的克制，转化为进阶的阶梯。

招式一：谨言慎行，行之有方

说话之前先问自己：“我是决策者、执行者还是旁观者？”决策者需杀伐果断，执行者需原则上服从，旁观者能少开口便少开口。

招式二：察言观色，适时沉默

领导情绪激动时，别说话，这时的沉默是“灭火器”；决策未定时，少说话，这时的沉默是“留白空间”；同事间发生矛盾时，慎说话，这时的沉默是隔离，也是蔑视和无声的反驳。

招式三：锚定长期价值，在克制中赢得尊重

公孙弘从“主动辞职”到“位极人臣”，靠的正是“谨言慎行”的智慧：不逞口舌之快，但争取人心所向；不逞一时之能，但知道该怎样说，怎样做，能发挥自己真正的潜能。

做决定之前，要多问几个为什么

> 任何事情都不必急着去回应。
> 别人越是催你的时候，越要缓一缓再做决定。
> 记住，事缓则圆，人缓则安。

某公司业务主管林峰，某日被合作方李总电话催签一份“利润翻倍”的订单合同。李总称“竞争对手正抢单，你们要是不考虑，我们就换一家了”，更暗示“签成后可以私下返点”。

林峰心里觉得蹊跷，却未当场拒绝，而是回道：“此事需与法务、财务部门同步确认，明早前给您答复。”

当夜，林峰逐条核查合同，发现合同中有隐藏条款：若客户退货率超 15%，公司需承担三倍违约金。而该行业退货率常年在 20% 以上！次日，林峰将条款风险与行业数据列成报告，与李总当面对质。李总当场翻脸：“既然你们毫无诚意，那就终止合作吧！”

后来才知道，李总公司因资金链断裂，正急于通过“霸王条款”转嫁风险。

高手过招

当他人以“紧急”之名施压时，大多潜藏利益博弈；当局势以“机会”之姿诱惑时，往往暗藏陷阱。缓一缓，不是怯懦，而是以静制动破迷局；拖一拖，不是失礼，而是以慢打快守底线。不是任何事情都需要与时间赛跑，有时候，我们更需要时间成为自己的盟友。

招式一:“三日冷静期”原则

涉及重大利益（如签约、投资、人事任命）时，设定三日冷静期，其间不回复、不表态，仅收集数据、咨询专家、模拟后果，用时间过滤情绪干扰。

招式二:“反向施压”话术

面对催逼时，以“这件事我需要与团队或上级、家人复盘细节”回应，既争取时间，又暗示对方“我不是唯一决策者”，瓦解其施压气势。

招式三:“利益链溯源”思维

追问自己三个问题：

谁在催我？（此人是否与结果相关？若无关，则催逼可能为转嫁风险或制造焦虑）

谁得利？（若立刻决策，谁将获得最大收益？若收益方非你，则需警惕陷阱）

谁担责？（若决策失误，责任由谁承担？若对方急于让你担责，则需留足证据链）

八面玲珑

02

通穷：这个世界讲的不是人情，是规则

不要强行介入别人的因果

一个人见得多了，经历得多了，就不会随意去介入别人的因果，
这不是冷漠，人各有命，每个人的生活只能自己负责，
你有菩萨心肠，也普度不了天下苍生，
说得多了，做得多了，反而会成为别人眼里的罪人。

二叔年轻时是典型的“烂好人”。有一次，邻居老王头被保健品讲座洗脑，非要花三万八买“磁疗床垫”，二叔得知后冲到会场劝阻，把在老王头眼里比儿女还孝顺的销售人员臭骂一顿，老王头当场气得心脏病发作，二叔赔了一笔不菲的医药费不说，还被老王头一家当成仇人。

二叔的发小嗜赌成性，输光家产后跪在二叔面前求救。二叔也不含糊，借了五万块钱给他，又托关系盘下家早餐店，手把手教阿强揉面熬粥。一开始发小还算本分，第二个月就借口“进货”溜去玩牌。

二叔发现时，输红眼的发小模样简直像条疯狗：“你装什么大善人？当初要是不给我那五万块，我早戒赌了！”

第二天清晨，妻离子散、负债累累的发小竟坐在二叔家门口企图寻短见。

二叔从此见到流浪狗都会绕道走。

高手过招

人要善良，但也要有自我保护意识。别把自己当成救世主，因为你的名字不叫老天爷。看破不说破是修养，看透不插手是智慧。有人一门心思要跳火坑，你拦着反而会变成坏人；有人喜欢在泥潭里面打滚，你非把人拽出来，他浑身脏水还得怨你多管闲事。成年人的世界，劝人一次是道义，劝人两次是情分，第三次就是自我

感动式的愚蠢。

招式一：先三思，再开口

“这事归我管吗？”“他求我帮忙了吗？”“我掺和进去能全身而退吗？”遇到事情时，把这三个问题过一遍，能筛掉 80% 的烂好人冲动。

招式二：“为你好”是关系诅咒

这句话一说出口，你所有建议都自带爹味。真想帮人，就把“你应该”换成“我试过”，把“听我的”换成“你觉得呢”。记住，菩萨从不逼人信佛，好医生不会按着病人灌药。

招式三：救急不救穷，帮困不帮懒

同事加班晕倒可以送医院，但别替他做方案；朋友吃不起饭可以请顿饭，但别月月给救济金。人饿极了会抓鱼，你天天喂鱼饵，他永远学不会捕鱼。

可以给笑脸，但不许蹬鼻子上脸

任何一种关系，只要其中一方太好，他就会变得无足轻重。
老板对员工太好，在员工眼里，他就没了威严；
爱一个人爱到没有原则，在对方眼里，他就没了分量。
人若总是把自己放在弱者地位，就会让自己的价值大打折扣。

大红开服装厂时，把工人当亲人对待。端午发粽子，中秋送月饼，连工人孩子考高中都包红包。有年订单爆仓，她让工人自愿加班，三倍工资外再包顿火锅。结果呢？小刘借口阑尾炎溜号，老张把次品缝进成衣，最讽刺的是领班王姐竟带着整套技术资料跳槽到竞争对手那里。大红去要说法，王姐冷笑："您把我们当叫花子打赏，还不许我们另寻出路？"

此刻大红才明白，人性需要温度，更需要边界，于是立下规矩：迟到一分钟扣10元，次品超标全返工，年底优秀员工奖5万。说来奇怪，工人反而干劲十足，小刘为了全勤奖连婚假都拆开请，老张退休时抱着缝纫机哭成泪人。

高手过招

月盈则亏，情满则溢——人性中其实有一杆秤，你压低姿态时，别人便悄然抬起秤砣。高质量的关系中，要把对方当人，也把自己当人。记住，你弯腰的弧度，决定了他人俯视的角度。

招式一：别当人形提款机

同事哭穷可以请顿饭，但别替他交房租；亲友倒霉可以陪喝醉，但别倾囊相助。人的欲望是海绵，你给得越多，他吸得越凶。

招式二：别把任何关系看得比自己还重

与任何人的关系，只要你想留住，就别把他看得太重。人和人的关系都是阶段性的，旧人离开也意味着新的人会来到。

招式三：把自己活成“奢侈品”

你若把自己当促销款，人人想砍价；你若把自己当限量版，他人自会捧着钞票追。给自己定个做事原则：我这里不是收容所，只招合伙人。

成长始于能量内守，盛于价值自控

自己能量不足时，越向外求助，越得不到想要的东西，
同时丢失的，还有自己的人格与尊严。
自己能量和价值充足时，也不能随意向外释放，
你的价值必须有门槛，价值错付，直接拉低自己的水平。

刘鸣刚刚创业时，像只无头苍蝇一样：项目缺钱就找朋友借贷，技术卡壳就请同学帮忙，连办公室绿植枯了都要发朋友圈求救。有一次客户钻法律空子出尔反尔，他在合作方面前痛哭："您这样我怎么办啊！"对方冷笑："刘总，我不是做慈善的。"

朋友闻讯，生怕他破产还不上钱，带着老婆过来催款；社交酒会上，他为了找大佬帮忙，举着酒杯四处敬酒，却没人知道他姓甚名谁。

后来他悟透了人情冷暖，关掉朋友圈，报了 MBA，把求人的时间用来考 PMP 证书。有次竞标，他硬是带着团队熬了 72 小时做出方案，甲方老总看到他的黑眼圈时愣住："你们不要预付款？"他笑："要，但也要先让您看到我们值这个价。"

如今他公司墙上挂着"三不原则"：不借钱、不外包、不赔笑。说来奇怪，风投反而追着投钱，技术大牛主动投简历，连政府都抛来橄榄枝。

高手过招

真正的成长始于能量内守，盛于价值自控。弱者总把命运系于他人裤腰带上，强者却懂：求神拜佛不如求己储能。当你把希望寄托于他人时，主动权已悄然易主；而当你修炼出不可替代的价值时，更要像守门神般立好门槛——免费的东西最贵，随意释放的价值终将反噬你的段位。

招式一：构建自我驱动的成长闭环

求人如吞三尺剑，真正的成长应像植物般向大地扎根，将时间和精力投入搭配系统性能力建设中，而非碎片化求助。将对外索取转化为对内投资，让能力成为永不贬值的硬通货。

招式二：建立双向筛选的交互门槛

给自己设置价值等价交换原则，拒绝单方面消耗型关系。完成从“价值乞讨者”到“资源筛选者”的蜕变。

招式三：用实力重构社交货币

弱者用眼泪换同情，强者用黑眼圈换尊重，把求人的时间用来打造个人 IP。在展示实力时预留 30% 惊喜空间，让对方产生“挖到宝”的获得感。

解决问题不要讲道理，要讲利益

遇到无赖式的垃圾人，越讲道理反而被愈缠愈紧。
无赖的嚣张多源于对规则漏洞的钻营、对成本收益的精准算计。
当常规道理无法穿透其利益铁幕时，需以“魔法打败魔法”，
用其熟悉的生存法则反制，方能在看似无解的困局中撕开裂缝。

小明蹲在宿舍楼下洗工装。衣服刚挂好，一盆泛着泡面油光的污水突然从五楼泼下，白T恤瞬间绽开朵朵暗黄的花。

“真缺德！”小明抄起板凳就要往上冲，楼梯拐角却传来五楼文身男沙哑的笑。他掂了掂手里的板凳，默默退回了宿舍。午夜辗转时，窗外又传来酒瓶坠地的脆响，小明盯着天花板的水渍，突然摸黑坐了起来。

次日清晨，小明蹲在阳台下，捧着《孙子兵法》等得望眼欲穿。当楼下工友们晾完衣服走开时，他猛地把半盆脏水泼向晾衣处。

没多久，楼下传来一片暴喝，七八个大汉撸胳膊挽袖子冲了上来。小明急忙攥着自己被弄脏的工装冲出房门，混进怒气冲冲的队伍之中。

“各位老哥！”小明突然扯开嗓门，“今天咱们一定要讨个说法！”

人群呼啸着冲上五楼，金属撞击声与怒骂交织成暴雨前的雷鸣。半小时后，吵骂声与对峙声才趋于平静。从此，再也没有人从楼上向下泼脏水了。

讲这个小故事，并不是教你坏，而是在面对坏人时，要讲究斗争策略。

高手过招

有时候不是别人不帮你，而是没有共同的利益驱动，把你的困难和别人的困难绑在一起，自然就会有人来帮你；把你的利益和别人的利益绑在一起，那么自然就有人帮你去实现你的利益。

招式一：尽量不要欠下人情债

能花钱解决的事情，就不要去使用人情。钱花出去了可以再赚，人情债这种东西，可能一辈子还不完。

招式二：不要过分迷信人的良心

事不关己，每个人都会衡量利弊，有良心的前提是不涉及自己的利益。所以当你需要帮助时，要把自己的难处和别人的利益挂钩。关键的时候，喊救火比喊救命更有用。

招式三：让自己成为局外人

看不清楚或者解决不了问题时，不要轻易入局，尤其是在职场，不要轻易把任何人当成利益共同体。

没实力的时候，要把好处让出去

“好处”这东西就像可口佳肴，
你眼馋，别人也眼馋，这是一件很危险的事情，
实力不济的时候，要有明哲保身的觉悟，
即便自己垂涎三尺，也要对强势者说：“您请！”

小江是编辑部公认的才子，他操刀的杂志以先锋视角和独特美学在业界独树一帜，甚至斩获年度创新大奖。当鲜花与掌声纷至沓来时，这位年轻编辑却陷入职业困境——昔日温润的笑颜被阴云取代，最终在入职一年后提交了辞呈。

这场变故的导火索，始于庆功宴上的微妙时刻。当集团董事长当众宣布破格奖励时，小江沉浸在“主编接班人”的赞誉中，却忽略了身旁主编刘老师骤然紧绷的嘴角。次日晨会上，原本属于他的选题策划权悄然易主，部门资源开始向其他项目倾斜。直至某次深夜加班，老编辑王叔一语道破玄机：“你踩了雷区——功高盖主。”

王叔给小江解析了三个致命疏漏：

其一，庆功现场未将核心创意归功于主编的指导框架；

其二，未将部分奖金转化为团队建设基金；

其三，面对高层赞誉时未及时转移功劳到部门协作上。

这种“单兵突进”的进取姿态，无异于向掌权者发起无声挑战。

高手过招

小江的遭遇折射出价值博弈的永恒定律：当某人能力突破安全阈值时，便会触发权威者的防御机制。权威者既要维护权威尊严，又要防范后起之秀威胁既得利益，这种双重焦虑最终会转化为权威者对后起之秀的隐性打压。而非黑即白的对抗思维，只会将本可调和的矛盾推向死局。

需要明白的是，功成不居绝非虚伪，而是基于对博弈规则的深刻理解。具体操作需要把握三原则：

招式一：自然过渡，表演到位

让利要自然得体，避免刻意表演，不要说太多虚伪铺垫的话，让大家都知道是你在“让”。有些事情，心照不宣才是给彼此最好的体面。

招式二：云淡风轻，绝口不提

私下沟通时，就当这件事从没发生过，不要刻意去提醒对方，不要委婉邀功。记住这样一句话：大恩重提便是仇。

招式三：调整心态，等待反哺

进阶的本质，从来不是零和博弈，而是通过构建共赢生态实现价值最大化。不要因为被抢了好处闷闷不乐，耿耿于怀，要建立长期互动机制，将短期让渡转化为长期信任资本，使强者成为自己的友方。如此，才有机会获得强者的回馈，将来你所获得的好处一定会更大。

你和领导之间有一条隐形红线

> 与领导保持良好关系是好事，
> 这样可以为我们提供更大的工作灵活性，更多的资源和机会。
> 但是，当你觉得自己与领导的关系很亲密时，你需要警惕，
> 有时候这种关系带来的效果，可能适得其反。

大海是一家软件公司的技术人员，跟领导相处得就像哥们儿。一天下午，大海加班加得很晚，领导请他吃晚饭。几杯酒下肚，大海头脑一热，说将来他也想开一家软件公司。

领导一愣，但很快恢复了平静的表情，并鼓励说："年轻人就应该有闯劲，我支持你。"

大海说："我现在的技术还说得过去，但对销售还是一知半解。"

领导说："一边工作一边学习嘛。凭你的能力，再干上两年就能独当一面了。"

大海说："你放心，两年之内我是不会走的。"

一周后，公司又招聘了一名技术人员，大海也接到了解聘通知。大海一脸茫然，找领导询问。领导一本正经地说："在我的公司里，你已经没有什么需要学习的了。你应该多干几家公司，多积累点经验。我是从你的自身发展考虑才忍痛割爱的。"

大海蓦然醒悟自己为什么被炒鱿鱼了，都是因为自己跟领导交心，才让领导有如此"富有人情味"的理由！

高手过招

职场中的关系如同带刺的玫瑰——适当的情感联结可降低沟通成本，但过度靠近必被刺伤。真正的处世高手懂得：用专业能力构建安全边际，用价值交换替代情感捆绑，用制度规则对冲人性风险。当领导无法轻易找人替代你的价值时，任何关

系波动都只是微不足道的涟漪。

招式一：区分关系场景与权力场景

私人聚会（如饭局、团建）可适度展现真实自我，但需提前预设情感安全阀，如避免谈及职业规划等敏感话题；工作场景中严格遵循专业距离原则，用技术语言替代情感表达。

招式二：用不可替代性替代关系亲密性

主动承担高风险高回报任务，如紧急项目攻坚、跨部门协作，建立“问题终结者”人设。定期输出高阶价值（如技术文档、流程优化方案），让领导产生路径依赖。

招式三：设计双向安全机制

1. 对领导：预留掌控感窗口

定期向领导通报可控范围内的成长计划（如参加行业峰会、申请技术认证），避免引发猜忌。在重大决策前主动请示领导，给足尊重感，同时规避认知偏差。

2. 对自己：设置关系止损线

当领导出现以下行为时需警惕：

过度关注私人生活（如询问家庭状况、情感状态）

频繁打断职业规划表述（如用“你还年轻”转移话题）

刻意弱化职场边界（如用“兄弟”“姐妹”替代职务称呼）

比较舒服的关系是：先小人，后君子

一个十足的老好人和实在人，在社会上是非常被动的。
丛林法则告诉我们，想成事一定要先“成精”，
怎么将自己修炼“成精”呢？
就是懂规则、有边界，拿出真诚的同时，偶尔也配合一点手段，
知道自己的输出对标哪些人才合适，这样才能吃得开。

广东一个包工头的女儿结婚，包工头通知手下所有工人必须参加婚礼。工人们心里都明白，老大想收份子钱，虽然赚的都是辛苦钱，但抬头不见低头见，也只好去捧场。

婚礼当天，工地一共 50 多人，最后去了 40 个人，每人随了 500 元的礼金。婚礼现场十分豪华，他们知趣地坐在角落里，尽量维持自己的体面。菜品非常丰盛，坐在桌上的都是自己人，不需要拘谨，所以大家吃得非常开心。

婚礼结束后，没去的人都嘲笑他们是冤大头。结果月底结工资的时候，每个参加婚礼的工人都多发了 800 元钱的红包。

包工头说，喊大家去，不是让大家去随礼，是平时看大家太辛苦，正好赶上女儿结婚，让大家过来捧个场，休息休息，放松一下。

那些没去参加婚礼的人非常尴尬。

后来女儿不解地问，为什么要这么做？包工头说：“正是这样，我才能看清楚谁和我站在一边。而那些没有和我站在一起的人，也会赞叹我的为人，为我留下良好的口碑。”

高手过招

社会丛林中，纯粹的好人会因缺乏博弈能力被边缘化，而精明的处世者深谙“表

里相悖之道——表面遵循人情规则维系关系，暗中通过利益分配机制筛选同盟。案例中包工头通过“强制婚礼邀约”制造参与门槛，既测试出团队服从性，又构建了利益共同体，最终达成“筛选忠诚者 + 震慑游离者 + 塑造口碑”的三重目标。这种处世策略，本质是将人性弱点转化为管理杠杆。

招式一：设计压力测试场景

在非核心事务中制造适度参与成本，如案例中的婚礼礼金，观察对方在情感压力与利益考量间的抉择。筛选出真正愿意为长期关系投入的个体。

招式二：建立关系评分卡

从响应速度、资源投入度、风险共担意愿三个维度量化关系价值。对高分者启动利益倾斜机制，如案例中的薪资补贴，对低分者维持安全边界。

招式三：分层投入情感资本

用标准化善意维持基本关系，避免过度情感消耗。对关键关系方进行定制化投资，如案例中包工头为工人提供“薪资福利 + 心理按摩”双重价值。

只与同好争高下，话不投机不强言

维度不同，少言为贵；
认知不同，不必辩解，
三观不合，浪费口舌；
井蛙语海是笑话，夏虫言冰是徒劳。

项羽引兵西进咸阳以后，杀秦降王子婴，火烧阿房宫。

当时有个叫韩生的读书人劝谏项羽：咸阳地处关中要塞，沃土千里，物产丰富，而且地势险要，易守难攻，您应该在这里建都，可以称霸。

项羽听完有点心动，可一看咸阳已经被自己毁了，又不好意思承认错误，就说："人富贵以后，就应该衣锦还乡，让家乡父老知道你如今出息了。要是富贵不回故乡，就好像穿着锦衣华服在黑夜里行走，再好看也没有人看得见，有什么用呢！所以我决定，回彭城建都。"

韩生听了，觉得项羽实在不足与谋，一甩袖子就走了，还到处与人说："人们都说楚人就是穿着衣服的猴子，果然是这样。"

这些话很快就传到了项羽的耳朵里。怒火中烧的项羽立即派人把韩生抓起来，投入鼎中活活烹死。

高手过招

认知差是天然的屏障，你站山脚喊"天好高"，山顶的人笑你没见识；你劝井底蛙跳出来，它骂你"毁我安乐窝"。争辩是拿别人的脑子当跑道，白费力气还惹一身怨。记住，智者不争，是因为看清了争辩的本质：不是道理不通，是思维决定脑袋。

招式一：遇到分歧先点头

“您说得有道理”，转身该做什么做什么，等事实打脸比用嘴争辩痛快10倍。

招式二：只与同好争高下

对认知低的人只说“是是是”，对同频者才掏心窝子，将你的时间留给能与你同频共振的人。

招式三：不戳破别人的幻觉

允许别人活在他们的局限里，不去揭露别人的无知，也是一种友善。认知不对等时，你连呼吸都是错的。与其扯着嗓子喊“我是为你好”，不如默默爬到更高层次——到那时，你皱个眉头都比别人讲10句话管用。

少管闲事，是一种基本的教养

群处管住嘴，独处守住心。
不要插手别人的私事，
适度的热情，对别人说是温暖；
过分的热心，对人对己都是一种负担。

电视剧《心居》里，大姐顾清俞就是个爱多管闲事的人。

顾清俞始终将弟媳冯晓琴视为家里的外人，因此总是不自觉地介入弟弟的婚姻生活，言语间时常流露出对弟媳的针对之意。

弟弟顾磊生性懒散，上培训课的时候能逃就逃。冯晓琴看在眼里急在心上，三番五次苦口婆心劝丈夫上进，为考证的事夫妻俩没少发生争执。某次争吵传到顾清俞耳中，这位大姑子连事情原委都没弄清，就劈头盖脸指责冯晓琴:“你逼他太紧了！”转脸却对弟弟说：“不想考就别考，何必委屈自己。”

丈夫的自我放纵让冯晓琴心灰意冷，便独自借酒浇愁至深夜。顾磊接醉酒的妻子回家时，两人又因为误会发生矛盾。当顾清俞得知小两口又起争执时，开始教弟弟盘算：“要是真过不下去，得先把财产分割想清楚。”这番对话被冯晓琴知道后，当即收拾行李要回娘家。

拉扯间，顾磊在楼上失足跌落。

高手过招

清官难断家务事，亲友的私事是团缠满倒刺的乱麻，你伸手去扯，扎的是自己的手，惹的是一身腥。热情，一旦加上过度，就是自焚的火焰。

招式一：别插手别人的家事

遇到亲友吐槽家事，立刻启动“左耳进右耳出”模式，点头应和“是是是”，不要掺和其中，更不要自以为是地给建议。

招式二：别插手别人的矛盾

亲戚或朋友之间发生矛盾，别在中间煽风点火，也别过度劝和。无论哪种做法，都是两头得罪人。

未经他人苦，莫劝他人善。你若经他苦，未必有他善。

招式一：太极推手

被求建议时，笑回“你们自己拿主意，我一外人哪懂”，把球踢回对方半场，既不得罪人，又不沾因果。

招式二：防火墙隔离

提前备好话术：“我家小事都理不清，哪敢掺和你们大事”，用自嘲堵死对方开口的机会。

受人帮助，感谢之外要有回报

如果有人帮了你，不管别人提不提，
你都要在感谢之外懂得回报。
下次有事的时候，别人才愿意继续帮你。

张鑫出差，要朋友帮忙照顾下自己的狗狗。

没过两天，朋友就天天发信息问张鑫什么时候回去，说他怕照顾不好，把狗狗饿瘦了。

张鑫想了想，给朋友发了个 200 元的红包，朋友不肯收，质问张鑫什么意思。

张鑫回去取回狗狗的时候，顺便帮朋友交了下一年的物业费。

朋友打电话过来，大骂张鑫："你这家伙，到底什么意思，不就是帮你照顾一条狗吗？和我至于这么见外吗？以后再这样就断交！对了，以后你出差，狗放我家就行，这几天我女儿和狗狗都处出感情了，她现在可喜欢你家狗了。"

高手过招

人情债欠了必须还。你受恩装聋作哑，下次开口求助，人家表面应承，背后早备好"软钉子"——你欠的不是人情，是堵死自己路的砖。记住，帮忙是情分，回报是本分，恩情如种子，只取不种终成荒漠。

招式一：即时回馈

受助后立刻行动，小忙请奶茶，大忙送厚礼，附上手写卡："您伸手时我记住了，这恩情我惦着。"

招式二：长期人情账

建“恩情档案”，记住谁帮过你什么事情，逢年过节主动问候，关键时刻第一个站出来帮对方，让恩情成为“活期存款”。

招式三：等价互动

对方帮你搬家，你帮他孩子补课；对方借你钱，你还钱时加利息——用利利索索的处世风格把人情还清，关系反而更清爽。

八面玲珑

03

开事：凡事往人性上去想，准能想通

想不通的事情，切换利益视角去打量

一件事想不明白的时候，多角度思考也许就能想通了，
并不是有人天生惹人厌，也不是有人天生就讨喜，
凡事都是先有因然后才有果，
越活越通透的人都懂得，用利益的视角去看世界。

某单位食堂，单身青年们一般都在此处吃饭，菜品和口味谈不上多好，但总归要比外面的饭馆便宜。

小强每次到食堂坐下就吃，到月底开工资才去跟食堂师傅一次性结清。小高大手大脚，工资常常不够花，便也想学小强月底结付，这样起码不用委屈自己的肚子。

结果，师傅一口回绝，态度坚决。小高觉得丢了面子，和食堂师傅吵了起来，并且拉出小强垫背，佐证自己不是无理取闹：“小强这样行，为什么我不行？”

师傅寸步不让：“我承包的食堂我说了算，他可以，你就不行！”

后来，听人讲，小强在人事科，师傅的女儿之前进单位，就是小强面试通过的，小强每次去结账，人家还给抹零呢。反观小高，和师傅并不熟，对人家也没什么用处，吃饭给钱天经地义，不给面子也说得过去。

高手过招

利益是人际关系的底层逻辑，是掀开温情面纱后的真相骨骼。人性在利益面前常褪去伪装——有人用情感当遮羞布谋取私利，有人借道义为幌子算计得失。记住，感情牌是烟幕弹，利益链才是指南针，顺着利益脉络思考，才能看清人心走向，避开暗礁陷阱。

招式一：利益溯源

遇到想不明白的事，不妨换个角度想："出现这件事，对谁最有利？"再结合其人在整个事件中的作用和表现，或许就会恍然大悟。

招式二：拆解隐性利益

遇到无法破解的事情，多问自己："对方除了表面诉求，是否还有情绪、声誉、权力等隐性需求？"不要执着于公平与否，而要思考"我该如何调整利益结构"。

招式三：掌控利益主动权

看清利益脉络后，权衡利弊，根据自身情况选择"合作""妥协"或"止损"，而非被动承受他人行为的后果。

得罪人不是因为你说错了，而是你说对了

当真相成为他人失败的预言时，
说对的人便成了“共谋者”。
人们可以原谅自己的错误，
却无法原谅自己的错误被别人揭穿。
真正的通透，不是看透多少真相，
而是懂得用柔软的方式让事实落地。

王天天是公司里公认的“逻辑女王”，她总能在会议上一针见血地指出数据漏洞、方案短板。

一次项目复盘会上，她当着全部门的面，用十几页PPT拆解了总监引以为傲的“项目方案”——成本虚高20%，用户画像与实际偏差43%，甚至直接点破“这个模式去年在B组已经失败过”。

会议室陷入一片死寂，总监的脸色从红到紫，从青到白，最终强笑着挤出一句：“这个年轻人不错，做事很认真。”

几天后，王天天被明升暗降，调离核心部门。她很委屈：“我也没有做错什么啊，为什么会被调到冷衙门？”

直到偶然听到同事议论，她才明白自己犯了多么大的忌讳：

“她以为自己是谁？总监的面子往哪搁？”

“能力强又能怎样？团队还要不要合作？”

更讽刺的是，半年后，公司根据王天天的建议而修改的项目方案，直接获利数百万，而王天天在边缘岗位上，连参与的资格都没有。

高手过招

真相往往比谎言更锋利，因为它刺破的不只是事实，更是人性对完美的执念。

人性深处藏着对“自我完美”的执念。当一个人被指出错误时，大脑会触发防御机制：不是优先反思对错，而是先感知“尊严受损”。这种本能甚至会扭曲认知——说对的人不再被视为“帮助者”，而是被定义为“揭短者”或“威胁者”。因此，得罪人的本质，是真相与人性弱点的正面碰撞：我们越执着于正确，越容易成为他人心理防御的靶子。

招式一：用提问替代结论

将“你错了”转化为“你觉得这个问题是否有其他途径？”用苏格拉底式追问引导对方自我觉察，既保留了真相，又维护了对方“自主发现”的尊严。

招式二：给正确裹上共情的糖衣

指出问题时，先承认对方的付出：“你这个想法是对的，看得出来你花费了不少心血，如果能在 ×× 环节再深入一点，效果可能更好。”人性厌恶被否定，但会主动拥抱被理解的正确。

招式三：区分“该说”与“能说”的场景

在会议室可以直言数据漏洞，在庆功宴上却需沉默；对愿意成长的同事可坦诚，对玻璃心者需迂回。真相的价值不在于“被说出”，而在于“被接受”。

成年人的朋友只能筛选，不能教育

教育是一种逆人性的苦修。
成年人的友情不需要雕刻师，只需要同频者。
有时候你越是用心良苦，
越容易被人当成“狼心狗肺”。

陈宇曾把发小阿杰当“人生项目”经营。

阿杰沉迷游戏、欠债度日时，他拿出积蓄帮对方还信用卡；

阿杰抱怨工作不如意，上司针对他，陈宇托关系把他介绍进朋友公司；

甚至阿杰和女友吵架，他连夜开车一个小时去调解。

陈宇始终坚信：“兄弟就是用来相互拉扯出泥潭的。”

直到阿杰第三次因旷工被辞退，却反咬陈宇介绍的工作“压榨人”；

直到陈宇妻子临产急需用钱，阿杰却以“向别人借钱会伤感情”拒绝还债。

直到阿杰酒后吐真言：“你总摆出一副救世主的样子，谁要活成你想要的模样？”

那一刻陈宇终于被刺痛了，他突然看清：自己像持刀的雕刻师，试图把一块朽木刻成艺术品，却忘了木头天生抗拒被重塑。他开始疏远阿杰，这份友情在他心里从此可有可无。

陈宇把所有“为你好”的精力，转向了筛选同频的合作伙伴、加入自律社群。三年后，当他看着身边因共同目标而凝聚的朋友圈时，终于释怀——有些人注定是人生的过客，而非同行者。

高手过招

人性深处埋着三种抗拒：抗拒被定义、抗拒被改造、抗拒承认“我需要你”。

当一个人试图“教育”朋友时，本质是在挑战对方的自我认同。这种挑战会激活防御机制——你越用力，对方越抗拒；你越“正确”，对方越要证明你“多管闲事”。成年人的世界没有“教化”这门课，只有“吸引”这门选修课。筛选不是冷漠，而是对彼此人生节奏的尊重。

招式一：设定隐性标准寻找朋友

观察对方对时间的态度、对承诺的兑现率、对挫折的反应模式，这些比口头宣言更真实。例如，长期迟到的人往往轻视他人时间，频繁爽约的人缺乏契约精神。筛选的本质，是找到那些与你“标准共振”的人。

招式二：保持“可被筛选”的清醒

定期自问：如果我是别人，会愿意和现在的自己做朋友吗？过度输出负能量、习惯性索取帮助的人，终会被所有人筛选出局。成为优质选项，才能吸引优质关系。

招式三：用“离开”代替“说教”

当发现朋友不良倾向明显，且已成沉迷之势，比如赌博、传播极端言论等时，不要试图当“人生导师”。人性对改变的抗拒，会让你成为他发泄挫败感的出口。默默疏远，为彼此都保留一些体面。

别人的劝说，要学会反其道思之

> 要始终坚信一个东西，
> 中国人讲究的是闷声发大财，
> 绝大多数情况下，没有人会把自己成功的方法告诉你。
> 如果说有人告诉你某个项目能赚钱，
> 那么很可能，他是想通过你来赚钱。

自媒体博主“财富导师张千岁”在直播间高调晒出豪车钥匙：“三年前我负债百万，如今靠跨境电商逆袭！方法全在这套 999 元的课程里！”

屏幕前的李浩心动了。他刷信用卡买下课程，却发现所谓的“财富密码”不过是搬运国内商品到海外平台加价销售——而“张千岁”从未提及，启动这个项目需要至少 50 万资金，以及海外仓资源和应对关税的实操经验。

当李浩在学员群里发出质疑时，“张千岁”甩出一份“成功案例名单”：“这些学员都赚到钱了，你为什么赚不到？这么多年生活没起色，有没有从自己身上找找原因？在大家齐头并进的时候，你有没有拿出点魄力改变人生？”

李浩有点羞愧，无言以对。

直到某天，李浩无意中发现名单上的“学员王总”竟是“张千岁”的小号。更讽刺的是，“张千岁”真正赚钱的门道，是卖课和招募下线，而非他宣称的跨境电商。

高手过招

这个时代最贵的不是建议，而是甄别建议的眼光。当他人向你投喂“机会”时，记得人类进化百万年才学会直立行走，但贪婪只需一秒就能让人跪下。真正的智慧，是永远保持反方向思考的警觉——因为人性经不起考验，但你的钱包必须经得起推敲。

某商学院曾披露数据：83% 的“致富秘籍”培训，本质是收割想走捷径的人。人性永远在暗处标价——当有人热情地递上“建议”时，先要摸清他兜售的是机会，还是你的焦虑。

招式一：给建议做“利益溯源”

当听到“这个项目包赚钱”时，先问自己三个问题：他从中获得什么？这个收益是否大于教我做事的成本？如果方法真有效，他为何不自己复制？商业史上从未有过“无私的导师”，只有精明的商人。

招式二：警惕“幸存者偏差”包装术

要求对方提供至少五位“成功者”的真实联系方式，而非精心剪辑的案例。记住：能被展示的成功，都是筛选后的结果；沉默的大多数失败者，才是真相的基底。

招式三：建立“反建议”思维模型

听到任何建议时，自动将其反转为最坏情况推演：如果按他说的做，最坏会怎样？这个损失是否在我的承受范围内？如果失败，会让我债务缠身吗？有时候对后果多一些敬畏心，或许就能避开刻意编织的陷阱。

嘴太碎的人，总有一天会毁了自己

舌头是人体最柔软的器官，却能割断最硬的命运。
在这个人人握着扩音器的时代，
管住嘴是对自我命运最深的敬畏。
当你说碎一句话时，碎掉的或许就是你的人生。

主管老周在部门团建上即兴演绎了一段改编的说唱，为活跃气氛，他即兴加入几句调侃公司高层的唱词。下属们哄笑鼓掌，却没有注意到，有人悄悄打开手机录像。

三天后，这段视频被公司总经理发到工作群，老周的名字瞬间与“批评”“处分”“撤职”绑定。

他试图解释“只是同事间开个玩笑”，但高层领导们的愤怒已如野火燎原。更致命的是，有人匿名举报他之前在部门工作会议上恶意诋毁公司领导：在布置项目任务时拿领导曾经的决策失误当笑料；在项目推进不力的时候在众多员工面前发领导的牢骚，等等。

老周从公司离开的前一天，公司保安见到他独自在空荡荡的办公室里坐到凌晨。这里曾是他意气风发的舞台，如今只剩空洞的回音。他或许还没有想明白：当一个人站在聚光灯下时，所有“无心之言”都会被放大成“人格宣言”，而人性最擅长的，就是将推倒的神像踩成齑粉。

高手过招

人性深处藏着两个残酷法则：其一，人们会本能地放大强者的“瑕疵”，以此平衡对“他比我强”的嫉妒；其二，在群体狂欢中，道德审判永远比理性思考更易传播。当一个人选择用“嘴碎”解构严肃时，实则是在邀请他人用“正义”解构自己的人生。语言不是呼吸，吐出的字句无法收回，尤其在互联网时代，每句玩笑都

会成为未来悬在头顶的达摩克利斯之剑。

招式一：建立“三秒缓冲带”

开口之前默数三个数，问自己：这句话如果被所有人听见，是否依然得体？如果答案是否定的，请将即将出口的话吞回腹中。

特别提醒：再讨厌一个人，也不要对别人说这个人不好，你只需要有意识地和这个人保持一定的距离就可以了，没有必要讲给任何人听。因为你讲出去，总能蜿蜒曲折地传到当事人耳中。

招式二：设置“语言防火墙”

将社交对象分为“密友”与“泛友”，对后者永远只谈天气、美食、旅行等安全话题。人性经不起考验，你永远不知道哪句玩笑会被“朋友”当作投名状。

特别提醒：不要把你的隐私告诉同事，那是他攻击你的最佳位置，会让你成为他人饭后的谈资。

招式三：培养“旁观者思维”

定期复盘自己的言论：如果我是听众，听到这句话会作何感想？会感到被尊重，还是被轻视？嘴碎者往往陷入“自我表达”的幻觉，却忘了言语的本质是人与人之间的桥梁，而非独白者的舞台。

特别提醒：在别人的车上不要乱说话——行车记录仪有时候会成为一种很可怕的东西。

你分享的是快乐，别人有可能听到的是炫耀

人类的悲欢从不相通，
你眼中的星辰大海，可能是他人眼里的毛刺沙砾。
当你分享男友送来的花伞时，请确认是否有人在淋雨；
当你感慨生活春光明媚时，要看看是否有人站在阴影里。

林欣欣和苏丽丽是大学室友，上学时关系非常好，毕业后一同留在了北京。

林欣欣人长得漂亮，家庭背景好，个人能力强，一直都是同学圈里的明珠；相对而言，苏丽丽在各方面都要逊色林欣欣不少，当然，她一直都很努力。

升任部门主管那天，林欣欣兴奋地在朋友圈发了条“九宫格”：庆功宴照片、奖金红包截图、同事送的鲜花特写等等。

她特意屏蔽了领导客户，只对亲友开放。半小时后，苏丽丽点了个赞。

当晚林欣欣约几个要好的同学一起吃饭，苏丽丽却以“加班”为由直接推脱。可就在大家酒足饭饱的时候，有人在“朋友圈”看到了苏丽丽更新的动态：

“入职三年，薪资倒挂新人。有的人天生好命，有的人零落成泥碾作尘，这大概就是普通人的宿命吧。”配图则是空荡的出租屋和桌子上吃剩的泡面。

一瞬间，整个饭桌上的气氛都不对了。

林欣欣这才想起来，苏丽丽最近正因为公司裁员格外焦虑。所以她分享的喜悦，在苏丽丽耳中成了“凡尔赛式炫耀”；她无心的晒单，在苏丽丽眼里是“月薪三万的人对月薪三千的嘲讽”。

两周后，苏丽丽被公司裁员，然后在第一时间退了同学群，最后留下一句：“你们故作姿态的友好让我感到厌恶，想必是我的小丑姿态，更能满足你们那该死的优越感吧！”

林欣欣随后删掉了所有“高调”的朋友圈动态，这一刻她才深刻认识到：快乐像一把盐，和谐时它能调味，但撒在别人的伤口上，会比痛苦更刺痛。

高手过招

比较是人与人之间永远不疲倦的游戏。当一个人主动分享快乐时，闻见者会瞬间启动三种心理机制：用你的“得”，反观自己的“失”；将你的成功解读为“运气”或“不公平优势”；把自己对现状的不满，转化为对你“炫耀”的愤怒。

这种心理链条无需逻辑支撑，只需一瞬间的情绪触发。所以快乐分享一旦越过他人心理阈值，就会变成碾压自尊的利器。

招式一：建立“情绪天气预报”机制

分享自己的好事前，先观察和思考受众的近期状态：若对方正经历失业、失恋、生病等低谷期，请将喜悦“降维表达”。比如把“我升职了”改为“最近工作有点新变化，有空细说”。

招式二：设置“炫耀税率”

每句分享后自动追加一句“自嘲式补丁”：晒新房时加句“房贷压得我三年不敢买新衣服”，秀恩爱时补刀“他上周去钓鱼气得我真想分手”。用幽默消解他人的嫉妒感。

招式三：培养“沉默的共情力”

在他人主动倾诉痛苦时，克制住“用自身上岸经验安慰对方”的冲动。痛苦的人需要被看见脆弱，而非被告知怎样才会幸福。成年人，要懂得在别人的雨季里收起自己的太阳伞。

一碗水端不平时，被牺牲的往往是善良人

> 吃亏是福，并不是吃亏者的真情告白，
> 退一步退无可退，才是经历者的墓志铭。
> 有人要你顾全大局的时候，你一定身在局外；
> 有人要你不惜一切代价，你就是那个代价。
> 善良如果不去设防，就成了他人的免费午餐。

某互联网大厂裁员时，最先收到通知的是老张。他在技术部当了八年“救火队长”，主动包揽最难的项目，替同事背过三次锅，连妻子过生日的时候，都应公司的要求加班，在办公桌前写代码。领导找他谈话时，特意倒了杯茶：“公司知道你吃亏了，但你是老员工，要给年轻人做表率。”

老张沉默着签了离职协议。他后来才知道，同期被裁的还有三个“老好人”——那个总帮同事带早餐的姑娘，那个主动放弃晋升资格的组长，那个被抢功从不争辩的架构师。

而那些会哭会闹的“刺头”，反而光荣地留在了工作岗位上。

更讽刺的是，老张离职后，他维护了五年的核心代码库出现重大漏洞，领导打电话想请他回来救急，还一再强调，“要顾全大局啊！”

心灰意冷的老张自嘲地笑了笑，按下了关机键。

高手过招

当第一个善良者被牺牲却没有反抗时，群体便会迅速形成“欺负老实人最安全”的隐性共识。

人性天然遵循“最小阻力法则”。当资源分配需要牺牲时，群体总会优先选择那个“沉没成本”最低的人：善良人的忍让会被解读为“可以承受牺牲”，一句“吃

亏是福”就能让牺牲者自我合理化，一句“大局为重”便能掩盖利益算计。善良若是失去底线，终将沦为他人得寸进尺的跳板。

招式一：建立“善良使用说明书”

明确告知他人你的帮助边界：可以分享经验，但拒绝替写方案；可以偶尔帮忙，但拒绝成为固定工具人。用行动重塑他人对你的认知——善良是选择，不是义务。

招式二：训练“拒绝反射弧”

当被要求牺牲时，先停顿五秒问自己：如果对方是我，会接受这个要求吗？人性经不起逆向体验测试，你的迟疑往往能打破对方的道德绑架。

招式三：让对方的算计付出更多成本

善良者被牺牲的本质，是可替代性过高。将 80% 的精力投入自我价值打磨，让领导 PUA 你时需要付出更高成本，让朋友算计时先衡量你的价值。真正的善良，从不需要以自我牺牲为代价。善良是珍贵的品质，但请别把它变成插在自己胸口的刀。记住：当一碗水端不平时，你若不掀桌子，便只能咽下那杯苦酒。

不要接受感情绑架

最甜的糖衣里，往往裹着最苦的算计。
当感情成为要挟的武器时，
妥协便不再是美德，而是对人性弱点的缴械。
不要让别人用“情义”二字，将你推入“义务”的牢笼。

大君和小国是大学室友，一个擅长设计，一个精通社交。毕业后两人合伙开了一家工作室，大君熬夜改设计图时，小国在酒局上觥筹交错；大君为项目垫资时，小国总说“兄弟情义值千金”。

第三年，工作室接到一笔大单，小国却以“拓展人脉”为由，私自挪用 30 万元预付款投资朋友的奶茶店。当大君质问时，小国摔了酒杯：“当年你妈手术费不够，是我把结婚戒指当了！现在要你帮忙扛半年房租，你就翻脸不认人？”

大君最终妥协，却不知这只是一个开始。小国开始频繁以“救急”名义支取公款：表弟结婚要随礼，老丈人装修要赞助，甚至女友的宠物狗看病都要走公司账户。每次大君反对，小国便翻出旧账：“没有我当初拉你入行，你能在杭州买房？”

压垮骆驼的最后一根稻草是去年除夕。小国抱着一箱酒来到大君家，说是要“犒劳兄弟”，实则是希望他抵押房产帮自己填平 200 万元债务窟窿。大君看着妻子隆起的肚子，终于下定决心拒绝了小国的请求。

小国随即翻脸，在朋友圈发长文控诉“创业伙伴发达后忘本”。

高手过招

当情感被有心人异化、拿捏时，每一次妥协都在为未来的勒索埋单。

这个时代最贵的付出成本不是金钱，而是被情感绑架后不断消耗的自我。你可以选择为友情两肋插刀，但请先确认对方不是那个在你身上插刀的人。记住：这世

上没有突然升温的感情，如果有，那就是对方现在正好需要你；当有人反复对你谈感情时，先掂量掂量自己的处境——你付不付得起这个代价。

招式一：训练延迟回应

场景：对方通过“卖惨”“示弱”激活你的亏欠感，让牺牲利益成为“偿还人情”的义务。

应对：当被情感绑架时，用“我需要时间考虑”替代“好”。人性经不起拖延战术，三天后，80% 的“紧急请求”会露出非紧急的本质。

招式二：掌握反制话术

场景，对方用“不帮就是冷漠”或“不救就是自私”的句式，将你的理性决策扭曲为“道德污点”；

将“我很难”替换为“这对我不公平”，将“一家人不说两家话”反转为“正因为是一家人，才要算清账”。真正的感情从不怕摆在台面上，怕的正是你不敢见光。

招式三：进行自我警醒

每次妥协后，都会自我安慰“我是好人”，最终让人陷入“越牺牲越无法自拔”的恶性循环。

在听到别人的诉求时，立即启动理性思维模式：将对方的需求拆解为“具体要什么”“我付出什么”“对方回报什么”。感情从不是单方面索取的通行证，而是双向奔赴的契约。

失意者最大的软肋，是太在意别人的看法

脸皮薄的人，灰头土脸，
脸皮厚的人，有头有脸；
脸皮是世上最薄的纸，
越怕被戳破，越容易被现实撕得粉碎。

莎莎是公司出了名的“薄脸皮”。每次开会，她总是坐在角落里，笔记本上写满想法，却从未当众表达出来。

部门竞聘主管，领导特意点名让莎莎发言，她站起来时耳朵通红：“在座的都是前辈，我……我就不献丑了。”话音刚落，同事小薇已经举起手，在领导的示意下，走到白板前，用荧光笔圈出数据漏洞。

一个月后，小薇升任主管，莎莎仍在原地踏步。

从此，小薇的“不要脸”成了部门文化：她敢在年会上穿上汉服跳古典舞，敢当着全公司的面为部门向领导要支持。而莎莎连工位上的多肉枯萎了，都要纠结该不该找行政更换。

项目复盘会，莎莎熬夜做的方案被客户退回，因为她不敢在对接时坚持专业意见，反复妥协于对方的无理要求。

目前，公司正在考虑，莎莎适不适合现在这个工作岗位。

高手过招

他人的目光是囚笼，而我们，往往是自愿戴上镣铐的囚徒。

人生中，最珍贵的不是面子，而是被面子遮蔽的可能性。你可以继续活成他人眼中的“体面人”，但请记住：真正的尊严，从不需要用自我阉割来换取。当你不再为“别人会怎样看我”而活时，才能看见自己本该绽放的光芒。

招式一：将“面子成本”可视化

将每次因“要脸”而错失的机会记录下来，并计算潜在损失（如薪资、人脉、成长空间）。当“面子成本”可视化时，你会惊觉：那些让你羞于争取的东西，远比面子珍贵。

招式二：训练“厚脸皮预演”

需要做一些“豁出脸面”的事情时，提前对着镜子练习，并刻意放大动作幅度。研究发现，肢体语言会反向重塑心理状态——当你假装“不要脸”时，大脑会逐渐相信这种状态。

招式三：创造“不体面”的社交货币

主动在安全场合暴露“弱点”：在朋友聚会讲冷场笑话，在社群分享失败经历。当他人发现“原来你也会出丑”时，你的“不体面”反而会成为拉近关系的社交资产。

八面玲珑

04

投喂：将欲取之，必先予之

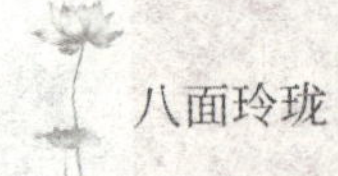

像对待投资一样对待人情往来

普通的投资，是理财，买股票，投项目；
高段位的投资，是“买心”。
普通投资所得的回报是有限的，
能精准投喂人心，
所得的收益无法估量。

有位军阀在组建新军时，成立了三个旅，他宣布用考核法选旅长，每次考核只选一人。

第一次考核，王军官胜出，第二次考核，冯军官胜出。

在军校一直是佼佼者的薛军官连续两次落败，十分尴尬，这第三次，他势在必得，否则，自己便没脸在军队再待下去了。

第三次考核的前一晚，正当薛军官十分紧张地准备考试时，帅府副官突然来找他，说是大帅有军务商议，叫他到府上一叙。

到了帅府，军阀却只是道些家长里短，说些没营养的闲话，把薛军官弄得满头雾水。临走时，军阀神神秘秘地塞给薛军官一张纸条，嘱咐不可声张，回家再看。薛军官满心诧异地回到家中，打开纸条一看——竟是这次考核的试题。

薛军官双手合十，感恩戴德，连夜准备，第二天不出意外地高中第一名，成了第三旅的旅长。

至此，薛军官决定誓死相随，刀山火海，肝胆相报。

若干年后，军阀故去，三位军官都成了政界要人。有一天三人相聚，推杯换盏间谈起老帅，薛军官仍十分感慨，红着眼谈起以往那段知遇之恩。

谁知冯、王二位听了，竟笑了起来。原来当年他二人考核之前，军阀也分别给过纸条。

高手过招

人毕竟有感性的一面，有七情六欲，所以无法避免被情感左右。

故而高段位的人在人际交往中，通常会选择以感情作为关系的切入点，巧妙地施人以惠，于是感情越积累越深厚，而当初投入的那一点恩惠，便逐渐化成永远还不清的人情。

招式一：筛选值得投资的潜力人气股

关注身边人的成长性（潜力）、抗风险性（人品）、回报周期（价值观契合度）。对消耗型关系及时止损，对高潜力对象持续加仓，用雪中送炭替代锦上添花，让恩情成为对方心中无法量化的原始股。

招式二：用长期思维经营人情账户

人情投资最忌“梭哈式付出”，应像基金定投般分批次、小剂量释放善意。这样既可以避免对方因轻易受惠而轻视付出，又可以让付出随时间发酵成对方的终身负债。

招式三：用不可替代性守护人情护城河

将人情投资聚焦于对方能力盲区（如你擅长资源整合，对方长于技术攻坚），或情感痛点（如对方被人轻视，而你给予尊严），用非对称依赖让关系成为长期绑定合约。

要给，就给无法轻易偿还的人情

人情投资如同高风险理财，需要建立“风控机制”，
确保对方无法用简单方式偿还你的恩惠。
譬如说，若你仅用请客吃饭维系关系，
对方很容易就用“下次我请”两清；
但若你帮其解决某些人生危机，
对方将陷入“永远还不清”的亏欠感中。

胡雪岩想效仿吕不韦，走政商合一的路子，但苦于没有嬴异人这样的人进行天使投资。

杭州有个小官，名叫王有龄，一直都想往上爬，但苦于囊中羞涩，没有金钱作敲门砖。

胡雪岩知道这种情况后，开始有意结交王有龄，等王有龄向自己吐苦水的时候，他大手一挥：“这事好办，兄弟愿意倾家荡产来帮你。”当时把王有龄感动得差点给胡雪岩跪下叫义父。

几年后，王有龄升任浙江巡抚，特意着官服登门拜访胡雪岩，询问胡雪岩有什么要求。胡雪岩云淡风轻：“兄弟之间何必如此，我祝你官运亨通，但我并没有什么要求。”

王有龄不是个薄情寡义的人，他很想报答胡雪岩，于是便利用职务之便，命令军需官到胡雪岩的店中购物。如此一来，胡雪岩的生意自然越来越好，也越做越大，而他与王有龄之间的关系，也比以前更加亲密了。

高手过招

人情投资的精髓，在于将恩惠转化为对方生命中的“黑天鹅”事件——用不可

抗力式帮助让对方陷入道德永续负债。当你能让对方在每次想起你时都产生亏欠感，你便拥有了超越合同意义的终极控制权。

招式一：精准锚定痛点

人情投资需要直击对方核心痛点，敏锐捕捉对方的致命焦虑，将恩惠嵌入其人生命脉。譬如：对潜力新人提供晋升跳板，对创业者给予资源背书，对困境者施以尊严救赎等，让对方在不得不接受的情况下，欠下无法用金钱量化的人情。

招式二：用延迟满足放大心理负债

高段位人情投资需要克制即时变现的冲动，以感情包装恩情，让对方因无法偿还而陷入道德焦虑，转而绞尽脑汁主动报恩，将恩惠转化为长期复利。

招式三：切忌在一棵树上吊死

定期评估人脉价值，当某关系因客观因素（如退休、失势）贬值时，及时在合适圈层中锁定新目标（如其继任者、得意门生），以历史恩情为敲门砖，复制不可赎回的人情杠杆。

给人好处，要拿捏得恰到好处

所谓“升米恩，斗米仇”，
当善意褪去稀缺的滤镜时，给予就会变得理所当然，
究竟如何让善意不被轻贱？如何让付出成就共赢？
下面这个故事，或许能够透过人性给予我们答案。

表弟想以25万元买表兄的旧车。

“卖他30万。”家里老人斩钉截铁。表哥愕然：“自家兄弟，没必要吧？”父亲却说：“你要是便宜卖给他，他非但不会念你的好，反而会怨你赚他的血汗钱。”

表弟得知报价后摔门而去，撂下一句“越富越抠，为富不仁”。

三天后，在父亲的授意下，表哥将车以35万元转卖外人，又从中取出5万递给表弟：“加上你的积蓄，正好提辆30万的新车。”

表哥其实心里不解，便问父亲：“何必绕这么大圈子呢？”

父亲轻笑：“你要是直接以25万的价格卖给他，他会觉得这车就只值20万。如今这5万便成了你给的情分，人情债最难还。”

高手过招

处世如烹小鲜，火候拿捏全在分寸之间。当善意裹挟智慧时，付出便不再是消耗，而是情感账户的长期投资。记住：高明的给予，是让受者如沐春风。这或许就是“升米恩，斗米仇”留给现代人最珍贵的处世辩证法。

招式一：不轻给，让善意披上努力的外衣

真正的感激往往诞生于等待之后。当对方为获得付出心力时，得来之物便有了沉没成本的光环。

招式二：不滥给，划定善意的楚河汉界

救急不救穷、帮理不帮亲、助弱不助贪。一次无原则的破例，可能招致无数得寸进尺的请求。须知滥施恩惠如同超市打折，只会引来逐利之徒。

招式三：不吝给，该出手时雷霆万钧

在对方遭遇困难的关键时刻全力相助，同时参考“不轻给”策略，制造“本不愿给，经百般周折终破例”的戏剧性，让受惠者铭记终生。

以让利思维，绑定潜在资源关系

人与人之间，很多时候都是互相利用的关系。
当然，利用一定要讲究你来我往，
今天我可以利用你，明天你能够利用我。
也就是说，要“互惠互利”，
没有这条原则，任何关系都不会长久。

安东尼·罗宾谈起李嘉诚时说：“他有很多的哲学我非常喜欢。有一次，有人问李泽楷，他父亲教了他一些怎样成功赚钱的秘诀。李泽楷说赚钱的方法他父亲什么也没有教，只教了他做人处世的道理。李嘉诚这样跟李泽楷说，当他和别人合作时，假如拿七分合理，八分也可以，那李家拿六分就可以了。”

也就是说：他让别人多赚二分。所以每个人都知道，跟李嘉诚合作会赚到便宜，因此更多的人愿意和他合作。你想想看，虽然他只拿六分，但现在多了 100 个人，他现在多拿多少分？假如拿八分的话，100 个会变成 5 个，结果是亏是赚可想而知。

高手过招

“分羹哲学”的本质，是以短期让利换取长期复利的生存智慧。

李嘉诚“宁拿六分，让利四分”的商业逻辑，揭示了人性与市场的底层规律：当合作方感知到超额回报时，会主动降低合作风险、提升投入强度，并自发成为你的人脉杠杆。 表面看是“二分差价”的损失，实则是用信任溢价撬动百倍规模的资源裂变——分羹不是示弱，而是以利他原则重构合作生态，将人性中的自私本能转化为可持续共赢的社会资本。

当你让所有人因与你合作而受益时，你便成了圈子里最稀缺的资源枢纽。

招式一：用超额分配绑定关系

主动降低利润预期，对关键资源方设置阶梯式让利，通过短期吃亏换取长期信任。吃亏的本质是购买安全感。当对方确信与你建立关系可以共赢时，会主动为你降低门槛、提供溢价资源。

招式二：用二分差价撬动百倍规模

将“让利二分”转化为口碑溢价，当对方因为得到好处而主动为你传播、为你背书、为你引入新资源时，你便掌握了人性与商业的终极密码——“舍”是极高明的“得”，“让”是谋定后动的“取”。

招式三：用让利节奏调控合作生态

对强势资源方采取“前期让利、后期盈利”策略，用时间换取话语权；对弱势资源方实施“即时让利、持续赋能”，通过能力溢价弥补利润损失。同时，建立让利预警机制，当对方过度索取时，用阶段性终止倒逼对方回归理性。

给失意的人种植希望

失意者心如荒原，
一句宽慰是风，能吹散阴霾；
一束光明是引，能点燃星火。
于荒芜处播撒种子，植下的就是绿意盎然的希望。

唐高宗李治死后，武则天有了当女皇的想法，不过，她面对的阻力非常大，那些思想保守的人，根本接受不了女人当皇上这样离经叛道的事情，李唐宗室也不可能把自家的江山让给她。

那么，面对种种阻力，武则天是怎么应对的呢？

她直接出了一个狠招——提拔和重用酷吏。

这些酷吏都是狠人，他们只听武则天的话，其他人不管官做得有多大，也不管身份位置有多高，他们都敢狠狠整治。

这些人原本就没有什么根基，在官场备受打压，单靠熬资历，那可能一辈子都熬不出头，现在武则天给他们机会，他们感恩戴德的同时，心甘情愿、死心塌地为武则天效力，做武则天的“鹰犬”。

高手过招

失意者最缺的不是物质，而是重新出发的支点。打动人心靠的不是量化给予，而是精准撬动对方内心的情感杠杆。如果你能成为别人的摆渡人，他们就会将你视为自己的精神领袖。

招式一：种光不种花

给予希望时，忌直接给答案。失意者需要的是“追光”的过程，而非现成的光明。要持续刺激对方起势的欲望又不越俎代庖，而是一次一点地帮助，使对方保持干劲、继续感恩。

招式二：施恩不张扬

不要觉得给人帮助，自己就是救世主，内心生出优越感，摆出高高在上的姿态。所谓“大恩重提便是仇”，也就是帮了别人，却没有增加自己人情账户的收入，正是因为这种不顾及对方自尊心的态度，把这笔人情账在对方心中给抵消了。

招式三：设锚不设网

用智慧帮助对方设计成长路径，创造可见的希望载体，将抽象的希望转化为具体的行为，让帮助成为双向互动。当第一朵花绽放时，受助者想起当初荒原的模样，你就是他眼中的花海。

救急不救穷，患难见真情

也许你会忘记与你一起笑过的人，
但不会忘记与你一起哭过的人。
人对于那些曾与自己患难的朋友，总有一种特殊感情。
所以关键时刻的一臂之力，常为自己带来无限收益。

大高注意到顶头上司近日像被霜打过的茄子，往日的雷厉风行化作眉间紧锁的愁云。堆积如山的待批文件在办公桌越摞越高，总经理办公室传来的训斥声让整个业务部如履薄冰。目睹部门濒临失控，大高没有选择明哲保身，而是暗中调查缘由。当他得知领导妻子重病住院，领导因昼夜奔波照料而影响了工作时，这个年轻人做出了出人意料的决定。

次日清晨，大高敲开领导办公室："张主任，您手头三个项目的基础工作，能否让我试着接手？"看着年轻下属真诚的眼神，领导将信将疑地移交了部分权限。接下来的日子，大高像精密仪器般运转：白天埋首案头逐项攻坚，深夜抱着专业书籍啃流程，遇到卡点就虚心请教。20天后，业务部用提前三天完成季度目标的数据，回应了所有质疑。

这场共患难的经历，让上下级关系变得极为融洽。当领导妻子康复归来时，呈现在她眼前的不仅是丈夫眼下的青黑褪去，更有丈夫部门墙上崭新的"卓越团队"锦旗。三年后公司架构调整，两位领导联名举荐大高担任副经理，他们在推荐信里写道：真正的管理者，懂得在他人需要时悄然化身阶梯。

高手过招

困境中的灵魂如同绷紧的琴弦，既脆弱又极具张力，此时伸出的援手将成为刻

入生命的记忆。当然，高级的处世者都知道：雪中送炭要送得有技术含量，既要解燃眉之急，更要把路铺得长远。

招式一：精准拆解困境密码

面对落难者，首要任务是化身侦探而非判官。像大高般通过侧面观察、外围了解，抽丝剥茧找到问题根源。是家庭变故引发的精力分散？还是认知局限造成的决策失误？只有摸清症结属性，才能制定“药到病除”的援助方案，避免把善意变成隔靴搔痒。

招式二：隐蔽式托举更显诚意

救急不揭短，助人要护心。如同给受惊的幼鸟喂食，需将帮助包装成“恰好顺路”的偶然。选择私密场景沟通，用“我最近在整理这些资料，或许对您有参考价值”替代“我看你不行”，既维护对方尊严，又为后续持续援助埋下伏笔。真正的高明，是让被助者觉得“这是我凭本事挺过来的”。

招式三：资源嫁接成就双向成长

最高级的搭台术，是将对方推上 C 位自己退居幕后。如同大高主动请缨时强调“让我试着接手”，既给领导留足转身余地，又为自己争取到实战历练。当我们发现同事擅长数据分析时，可创造机会让其在新项目担纲；当得知朋友有创业理想时，不妨用自己的人脉为其牵线。这种“借台唱戏”的智慧，终将形成正向循环的赋能生态。

去“冷庙”烧香，在人少处拜菩萨

你把 100 块钱给富翁，
富翁会觉得你像小丑一样，
你把 100 块钱给一个落难者，
他一辈子都会记住你。
这就是冷庙烧香——庙虽冷，香火却能直抵神明心底。

医药代表小陈刚入职就遇到难题：本要拜访的科室主任突然被免职。同事劝他改道巴结新主任，他却拎着礼品径直走向冷清的老主任办公室。

推开门，满地文件杂乱无章，落魄的老主任正对着空白日历发呆。

“新主任我会去拜会，但您是我们公司的老朋友，该有的礼数不能少。”小陈递上茶叶时，老主任握笔的手明显顿了顿。

见对方神色缓和，小陈趁热打铁：“听说您是肝胆外科的活字典，不当主任正好专心著书啊。我们这些学药学的，要是有您十分之一专注，何愁没饭吃？”

老主任突然被噎住，这个毛头小子竟敢调侃自己？

“天生我材必有用！”小陈突然背起诗来，那位骂过院长的倔老头突然红了眼眶。

两个月后，老主任官复原职。当竞争对手还在新主任办公室外排队时，小陈的业绩已悄然登顶。后来酒过三巡，老主任才吐露真言：“那天要是没人踹我一脚，我这把老骨头就真躺平了。”

高手过招

众人争抢热灶时，给冷灶添把柴反而更显温度。真正的聪明人，早参透了“冷庙烧香”的奥秘：困境中的援手，更能暖透人心。

招式一：别做急功近利的势利眼

不要总盯着眼前好处，跟人交往如同做买卖一般。聪明人活得通透，就算勉强跟你来往，以后也不会让你占到便宜。

招式二：多关心怀才不遇的人

你身边有没有那种本事大但运气差的人？有的话，能帮就帮一把！别看对方现在落魄，说不定哪天就会时来运转。到时候，他第一个念你的好，根本不用你开口，好处自然接踵而至。

招式三：不要小看不起眼的人

今天坐冷板凳的人，难说明天不会飞黄腾达；现在风光的人，或许不久就会栽跟头。所以，待人接物最好保持一颗平常心，既不过于谄媚强势者，也别对弱势者落井下石。踏踏实实做好自己的事，对每个人都保持该有的尊重，才是长久之计。

要雪中送炭，而不是饱食送饭

老话讲："受人滴水之恩，当涌泉相报。"
为何回报如此之重？
因为这滴水便是活命之水。
小恩小惠只要给得恰逢其时，也足以让人刻骨铭心。

周瑜早期在袁术手下为官，不受重用，屈居小小的居巢县令。

汉末，军阀割据，兵荒马乱，灾害频发，民不聊生。居巢的百姓因为缺少粮食吃，开始啃树皮、嚼草根。周瑜的官职虽小，但责任感极强，他看在眼里痛在心中，一时又无计可施。这时，身边有人献策，说附近有个叫鲁肃的士族，有人、有钱、有粮，可以求他帮助。

鲁肃本身也是个乐善好施的人，也知道家乡百姓正在受灾，但他并没有急于伸出援手，他在等，等周瑜亲自上门。周瑜雄才伟略，鲁肃断定其日后必成大器，所以对于其借粮的请求没有丝毫犹豫，爽快答应。

周瑜感动不已，就此与鲁肃结为挚友。后来，周瑜辅助孙氏称霸江东，鲁肃自然也有了干大事业的机会。

高手过招

饥寒之时的一碗热饭，更胜于富贵之时的一桌大餐。聪明人既懂得锦上添花，更乐于雪中送炭，济人于危困之际，解人于倒悬之中，其收效肯定要比饱食送饭好得多。

招式一：复盘关键，精准送水

1. 什么时候渴？（需求触发点）

2. 为什么渴？（深层动机）

3. 想喝什么水？（解决方案偏好）

招式二：适度援助，点到为止

“升米恩斗米仇”的教训一定要牢记，给人援助，适可而止。倘若对方总是有点饥渴感，他便会对你产生依赖心理。一旦给予对方太多，他的欲望就填不满了。

招式三：把握分寸，独善其身

倘若大事小情大包大揽，居中调度指指点点，便会使对方的自尊心受到伤害，甚至会因此而讨厌你，因为如此一来，对方会感到自己很低能，也不知道该怎样报答。

每笔付出，都要让对方产生沉没成本

帮人就像健身房月卡，免费体验没人珍惜，
花钱充会员的人，才会天天打卡。
让对方为你的善意付出点“沉没成本”，关系反而更牢靠。

在 4S 店上班的女孩卖出一辆高级跑车，回家问父亲：“我要不要请同事们吃顿大餐啊？毕竟光奖金就有 2 万块，免得他们眼红说闲话。”

父亲听完摇头说：“与其请同事吃饭，不如请客户健身，请同事人走茶凉，结交贵人平步青云。”女孩听完，直接给客户办了张高级会所的健身年卡，没想到，客户第 2 天又来提了一辆更贵的跑车，3 万元奖金又到手了。

女孩回到家，忙找父亲问道：“是不是要再请客户一次呢？”父亲又摇头，说道：“不如花两万给客户买盒茶。”女孩听话照做了。没过多久，客户介绍来 3 位朋友，一人又提了一辆车。

自此之后，女儿开窍了，她用对待客户的方法，再去结交客户的 3 位朋友，结果，自己的客户数量开始呈几何级数增长，短短一年，女孩就赚了 100 多万元。为了方便她跑业务，公司还赠予她一辆宝马 mini 代步车。

高手过招

征服一段关系的关键，是增加对方的沉没成本。

当这些成本积累到一定程度时，对方便会逐渐加深对你的依赖和珍视，你便能在对方心中牢牢占据一席之地，他就会考虑自己的付出而更加珍视这段关系。

招式一：用付出构建沉没成本陷阱

免费的，恰是最贵的。真正的人际杠杆应像 4S 店女孩那般操作：

时间锚点：给客户办健身年卡，用长期陪伴替代单次消费；

物质锚点：送茶叶，让物质投入绑定情感账户；

行为锚点：以付出加深亏欠感，促使客户代为介绍，将被动受益转化为主动参与。

招式二：用“付费门槛”替代“人情门槛”

女孩父亲“请客户健身，不请同事吃饭”的建议，本质是完成了人情账户到商业账户的转型。可借鉴其筛选逻辑：

同事关系：设立合作规则，用 KPI 替代情感维系；

客户关系：推行会员储值制度，用预付锁定长期价值；

贵人关系：采用资源置换模式，明确双方权益边界。

建议制作“关系资产负债表”，每月评估：对方投入的时间价值、资源置换的等价性、情感账户的余额比。

招式三：让付出产生复利效应

女孩通过单个客户裂变出 3 个订单的案例，揭示了沉没成本的指数级回报规律。可复制其操作路径：

体验设计：提供深度服务，让目标对象投入其中；

仪式制造：举办专属活动，强化群体认同；

传承机制：设立老带新情感奖励，将付出成本转化为社交货币。

临时抱佛脚，佛都不理你

为什么很多富亲戚、富朋友不愿意帮助穷亲戚、穷朋友？
难道真的是越富越没有人情味？
记住，无论亲戚、朋友，都只是一层关系而已，可以很远，也可以很近。
能做大事的人定然不会轻易被道德绑架，
你拿关系捆绑人家，人家只会对你更加厌弃。
真正决定对方是否出手的，是他觉得这件事值不值得。

小强在湖北某地上学，他有一位远亲恰好在这座城市，是个颇有能力的人物。大学四年，小强总觉得前去拜访像是讨好，抹不开面子，放不下自尊，从未登门。临毕业时，看到同学们个个托关系找工作，小强也开始着急了。

无奈之下，小强只好硬着头皮前去拜访。对方很有格局，并没有嫌弃他是个穷学生，二人友好交谈，聊着家乡亲戚的情况。

其实从上大学以后，小强觉得自己身份不同往日，已经很少与乡下那些亲戚维持表面上的嘘寒问暖了，对方一问，小强三不知，只好支支吾吾含糊其词。

就这样尴尬地聊了一个多小时，那位亲戚说："小强，我下午还有点事，有空来玩吧。"小强一听对方下了逐客令，着急了，于是讲出了自己的请求。

对方一听，马上绷起了脸，说："小强，用人单位对招聘都有要求，是必须满足条件的，我也不好参与什么。年轻人，还是要务实一些。"

小强只好灰着脸回到学校，嘴里抱怨着人情冷暖，世态炎凉。

高手过招

小强为什么会碰钉子？就是因为不懂事。

人际关系不是"零存整取"的账户，而是一片需要持续耕耘的黑土。真正的"人

情味”建立在相互尊重与价值交换的基础上，绝不是血缘关系或道德绑架。与其抱怨世态炎凉，不如思考：我如何成为一个值得帮助的人？

否则，只知道临时抱佛脚，好脾气的佛都懒得搭理你。

招式一：建立弱连接网络

定期与关键人脉保持低频但高质量的互动。

招式二：打造被帮助的理由

与其强调我是谁，不如让对方看到你的独特价值：如信息渠道、专业技能、情绪价值。

招式三：练习非功利性社交

主动帮助关键人脉（如介绍资源、提供建议），积累社交好感。如此，当你需要支持时，对方更有可能出手相助。

八面玲珑

05

段位：成年人的身价，都是靠自己打拼出来的

段位不够，不要对谁都亲切

不要总是笑，你的笑脸有时候会被人认为是一脸谄媚，
不必期望给所有人亲切感，
生存讲的是能力，是智商情商，是价值交换，
而你无处不在的亲切，在有些人眼里，约等于可以使唤。

大美是办公室里的一枝花，容颜似水。

她希望所有人都能喜欢自己，所以每天都笑容满面地出现在大家面前，帮同事带早餐、买饮料、印文件……时间久了，大家也就都不拿大美当外人了，很随意地指使她做这做那，做不完的工作便请大美帮忙加一下班，有麻烦事也总是第一个想到和蔼可亲的她。

最近，大美老公要去欧洲出差，大美笑靥如花地对同事说，如果大家需要一些国外小商品，可以让老公帮大家带一下。

当天下午，一张密密麻麻罗列着服装、化妆品、香水、包包的清单便递到了大美面前。大美老公接到这张清单以后，头都炸了，立刻打电话给大美，指责她不应该为了美化自己的人设，大包大揽，因为他的主要任务是工作，不是海外代购，没有时间选购这么多物品。

二人一番争执以后，老公放下话，这次决不会帮大美选购任何东西，希望大美能改掉自己烂好人的毛病。

大美觉得老公不近人情，故意让自己在同事面前丢面子，挂掉电话以后，二人便陷入了冷战。

更让大美崩溃的是，同事们隔三岔五就问："大美姐，姐夫什么时候回来啊？过两天有个聚会，我还等着用呢！"

大美目前很受伤：明明自己是在做好人，怎么里外不是人呢？

高手过招

善意与亲切是战略资源，需匹配实力段位精准投放。段位不足时盲目释放无差别亲情，等于主动交出关系主导权，沦为他人情绪与利益的外包工具人。

不信你看，都是什么人在努力营造亲切人设？几乎都是站在塔尖的大佬，因为到了那个段位，即使他再亲切，别人也知道，这是个惹不起的人物，没有人敢去拿捏。

招式一：对价值贡献者（导师 / 贵人 / 核心盟友）

释放足量亲切——手写感谢信、节日定制礼、关键时刻主动站队，让亲切成为战略投资。

招式二：对普通关系者（同事 / 泛泛之交）

保持基础礼貌——点头微笑、适度寒暄、不主动揽事，用边界感替代讨好。

招式三：对索取型吸血鬼（习惯性占便宜者）

启动刺猬模式——延迟回应、转移矛盾、直接拒绝。提醒自己：亲切是稀缺资源，需要精准投喂给能够反哺你的人，而非撒向把你当工具的狼群。

不要让别人看清你的底牌

自己的底牌，不要对任何人说。
一个人透明了，人人都可以伤害他。
别人知道你的秘密越少，你的安全系数就越高。

小斑马屈膝跪在水中，它看到自己的倒影，觉得自己简直太美了，不禁得意起来，于是它站起身，想要炫耀一下自己的美丽。但它不知道，危险就在自己身边。

岸边不远处，一头母狮蠢蠢欲动。但它不知道水的深浅，不敢唐突下水。

现在，小斑马犯下致命错误，它的炫耀让母狮知道：哦！原来水这么浅。母狮飞身一跃，一击即中。

母狮进餐的地方，是水中凸起的一个小浮岛。好多鬣狗闻到血腥味围了过来，它们同样因为不知道水的深浅，不敢贸然抢夺。

母狮大快朵颐，得意之情溢于言表，由于动作过大，一不小心将马尸甩入河中。它马上跳入河中叼起食物，这一站起，鬣狗们骚动了：哦！原来水那么浅……

母狮不但猎物被抢走了，自己还险些成为鬣狗们的食物。

高手过招

像赌场老手会故意输掉前几把，你也要学会在关键时刻“留白”——当别人追问家底时，你不妨把“刚买了两套房”换成“正为房贷发愁”；当对手试探实力时，用“最近运气好”替代“我布局了三年”。模糊才是最锋利的刀，让人看不清刀刃朝向，自然不敢轻举妄动。

招式一：隐藏锋芒，避免成为众矢之的

小斑马因炫耀美丽而暴露河水深度，这警示我们：过度展示实力会吸引不必要的关注。真正的高手懂得“藏锋”，如深水静流，表面波澜不惊，实则暗藏力量。

招式二：管住情绪，喜怒莫形于色

情绪是最大的泄密者，喜悦时忘乎所以，愤怒时口不择言，都会像母狮一样，让对手窥见底牌。学会在关键时刻“面瘫式”管理表情，才能守住战略优势。

招式三：制造信息迷雾，掌握认知差

通过刻意释放碎片化信息，让外界永远在拼凑你的全貌。就像雾中看花，保持 30% 的真实与 70% 的模糊，让人既想接近又不敢轻举妄动。这种若即若离的状态，才是最高级的自我保护。

怒气上升时，三思为妙，一忍最高

> 一个人成熟的重要标志，就是管住情绪；
> 怒气上涌时多掂量片刻，能避过射来的冷箭；
> 心中的话多藏起来几分，可换得一辈子太平。

万历时期的户部尚书李三才是一位好官，但他的仕途并不顺利。

有次上朝，他居然对万历皇帝说："皇帝爱财，也该让老百姓得到温饱。皇帝为了养肥自己的小金库去盘剥百姓，这是拿祖宗基业开玩笑。"李三才于是被罢了官。

后来李三才东山再起，朋友都担心他犯老毛病，就劝他："你不能再这样直来直去，要学会巧妙周旋。"李三才一脸不屑，认为那样是可耻的。结果刚出山没多久，李三才又被罢官了。

麻烦还没有结束，李三才罢官回乡后，朝中佞臣担心他再被起用，于是持续弹劾他，想把他彻底搞臭。李三才寸步不让，不停地写折子为自己辩护，向皇帝身边的红人们开火。

最后，他对皇帝也有了怒气，上书说："如果皇帝你英明，就应该知道我是奸是忠，你这样对我不公平！"言外之意，皇帝你有眼无珠，就是个昏君！

万历皇帝大手一挥：李三才永不录用！

高手过招

风起于青萍之末，危机藏于只言之间。真正的处世高手，不是没有情绪的木偶，而是将情绪炼成指南针的智者——当怒火升腾时，指针永远指向"忍"的方位；当恶语将出时，磁极悄然转向"默"的刻度。

招式一：怒火压一寸，退路宽一丈

情绪上头时默数十秒，用“这事值得我付出某种代价吗”自我反问，多数冲动会瞬间降温，以此避免在情绪冲动的情况下，做出让自己后悔的事情。

招式二：话头藏半句，余地生根须

把“你错了”换成“我可能没说明白”，用“这事有趣在……”替代直接反驳，不要为了所谓的“正确”去得罪人，把人都得罪光了，再正确的事情也做不下去。

招式三：三思配一忍，织就无形甲

三思：

拍桌子能解气，但后果是什么？

反驳能自证真相，但有没有必要？

沉默可能会吃亏，但能否在暗中进行降维打击？

一忍：微笑收下冒犯，为三思争时间，忍是战术，思是战略。思前想后，谋定后动。

别轻易得罪人，也别害怕得罪人

人生如棋，落子无悔。
一味退让的棋手终将被困死角落，
而懂得在恰当时候亮出锋芒的人，
反而能赢得对手的尊重。

银行柜员陈婉，入职三年，始终是办公室的“隐形人”。同事把杂活推给她时，她总说“好”；客户无理投诉时，她低头道歉；就连实习生都敢把泡咖啡、取快递的活儿甩给她。直到一个暴雨天，一位醉酒客户在办业务时无理取闹，还嚷嚷着要投诉她“服务态度差”。

那一刻，积压三年的委屈如火山喷发。她没有像往常一样鞠躬，而是直视对方眼睛，声音平静却有力：“您的要求按照规定，我无法满足，监控记录得一清二楚。我可以陪您看录像，也可以帮您叫保安，或者报警。”醉酒客户愣住了，围观同事也屏住了呼吸。最终，醉酒客户嘟囔着“神经病”摔门而去。

第二天，陈婉做好了被辞退的准备，却受到行长特别表彰——原来昨晚有位客户目睹全程，在意见簿写下长文称赞她的“专业风骨”。更戏剧性的是，这位客户竟是分行重要客户的司机，客户得知后专门致电：“贵行有这样不卑不亢的员工，合作更让人放心。”

同事们的态度从此以后悄然转变，曾经推给她杂活的“前辈”开始客套地称她“陈老师”，实习生也学会了说“谢谢”。陈婉依然会帮同事递文件，但不再替人写述职报告；她依然耐心服务客户，但对恶意刁难会微笑着指向监控：“需要调取录像吗？”

高手过招

做“好好先生”并不能换来尊重。过度恐惧冲突的人，实则是将自我价值的裁决权拱手让人，在“不得罪人”的执念中沦为软柿子。而真正的处世智慧，在于建立“心理阈值”：当他人的越界行为突破你的原则底线时，适时展现棱角反而能重置关系框架。这并非鼓励戾气，而是通过理性反击传递清晰信号——我尊重你，也请你尊重我。

招式一：设置“反弹测试”

当感到被冒犯时，尝试用轻微反弹测试对方反应。如将“好的”改为“我尽快处理”，观察对方是否收敛。若得寸进尺，则需亮明底线。

招式二：运用“灰岩策略”

面对持续消耗你的人，不必正面冲突，而是逐渐降低情绪反馈。就像灰岩对光线毫无反射，对方在你这里得不到预期回应，自然转移目标。

招式三：打造“不可替代性”

职场中 80% 的欺凌源于“可以被替代”。深耕专业技能，让自己成为某个环节的关键人物。当他人需要你的价值时，自然会收敛傲慢。

别人对你不好，是因为你价值不够

人性本就慕强，
与其抱怨他人势利，
不如把自己打磨成一块吸铁石。
当你的价值像暗夜明灯时，自然会吸引趋光者；
若沦为案板鱼肉，就别怪刀俎无情。

有一个年轻漂亮的女孩，在劳斯莱斯的车友群里发了一个问题，说自己今年 22 岁，擅长唱歌跳舞，211 高校毕业，长相按十分制来算，自己保底也有七八分。因为长相姣好，在大学期间就开始做跳舞变装视频，现在有 300 多万粉丝，偶尔开开直播，每个月有五六万收入。想趁着现在最好的年纪，找一个绅士老公嫁了，要求男方年入千万以上，年龄 35 岁以内。

车友群鸦雀无声。

女孩接着说："你们也许觉得我贪心，但如果年入百万，我自己也赚得到。而且按照我的长相、学历和能力，找一个年入千万的老公，要求并不算高。劳斯莱斯的车主们，你们觉得我的要求过分吗？"

半个小时过去了，群里还是没有一个人回复，女孩觉得脸上挂不住，又发了一段文字：

"我是真心想请教大家，你们的择偶标准可以说一下吗？另外，对于我这种网红女生怎么看？"

10 分钟之后，终于有一位劳斯莱斯车主回复了他，非常简单粗暴，直击要害。

他说："姑娘你好，我认真看完了你的消息，相信不少女孩也有跟你一样的问题。目前我开的是一辆库里南，当然，我并不只有这一辆车。我今年 34 岁，从事风投，年收入两千万左右，我的条件应该符合你的择偶标准。

"从我的角度来说，如果我与你结婚，将是一个重大的决策失误，很简单，你

靠颜值招徕几百万的粉丝，说明你很漂亮。你要找一个年入千万的老公，本质上说，这就是一场财与貌的交易。

“但这里有一个致命问题——你的美貌会随着时间消失，而我们的财富会随着年龄增加。比如我，今年才 34 岁，只要不出意外，肯定会越来越富有。但你不可能越来越年轻漂亮，从经济学的角度来说，我在增值，潜力无限，而你是贬值资产，对于不断贬值的资产，哪怕再喜欢，我也只会选择短期租赁，不会选择长期持有。

“另外，网红的生命周期有限，一旦没有流量，你就是个普通人，那时候找份像样的工作都很困难，听起来残忍，但这就是现实。能年入千万的男人都不简单，这笔账算得非常清楚。哪怕你真遇到一个符合自身标准的人，他也只会和你交往，不会和你结婚。所以千万不要想着单靠美貌就能嫁入豪门。

“最后，再给你一个中肯的建议，以你的颜值和网红身份，不如努努力，让自己成为年入千万的富豪。这比碰到年入千万的冤大头，胜算更大，也更靠谱。如果你对我的短期租赁方案感兴趣，也可以与我单独沟通。”

女孩看完信息之后，偷偷退出了这个车友群。

高手过招

人际关系的本质是价值交换。当你处于食物链底端时，遭遇的轻视、利用甚至背叛，不过是人性趋利避害的显性表达。真正的破局之道，在于构建“价值金字塔”：底层是专业硬实力，中层是资源整合力，顶层是人格影响力。当你的价值够大时，你就从猎物进化为猎手，从索取者蜕变为赋能者。记住，别人对你的态度，始终是你价值坐标的外在映射。

招式一：实施“价值可视化”工程

将专业技能转化为可量化的成果，让价值从抽象概念变为具象符号。

招式二：建立“反脆弱”人脉网

远离消耗型关系，专注链接能与你形成价值互补的“成长型伙伴”。记住，人脉质量比数量重要，价值互惠比单方面讨好长久。

招式三：打造“价值护城河”

在核心领域深耕的同时，发展几种跨界技能（如设计 + 编程、营销 + 心理学），形成复合竞争优势。当别人还在红海厮杀时，你已在新赛道建立壁垒。

出圈的关键，是如何将自己推销出去

出圈的本质是价值可视化革命。
在注意力稀缺的时代，再精妙的内核也需要“感官炸药包”引爆。
出圈不是强行推销，而是用目标群体熟悉的语言重新“翻译”自我，
让价值穿透圈层壁垒时如水银泻地般自然。

一个女孩走进餐厅，将菜单上的招牌菜几乎点了个遍。糖醋排骨泛着琥珀色的光，清蒸鲈鱼撒着翠绿葱花……她吃得鼻尖沁汗，筷子却片刻不停。直到结账时，她攥着帆布包带的手指节发白，声音细若蚊蚋:“老板……实在不好意思，我……我没钱。”

老板眉头一皱，正要开口，却见女孩慌忙摆手:“我不是故意的！要不我帮您洗碗、擦桌子，当服务员抵债也行！”她鼻尖通红，眼睛却亮得惊人。老板瞥了眼后厨——正缺个手脚麻利的帮工，便挥挥手：“先干活吧。”

谁料这姑娘竟是块璞玉。次日清晨，她已能单手端四碗云吞面疾走；午市高峰时，她边记菜单边提醒：“3 号桌要少辣，5 号桌忌香菜。”老板看得咋舌，当晚便拍板：“留下吧，包吃住。”

一个月后，老板叼着烟斗问：“二妞，你机灵又勤快，咋连顿饭钱都掏不出？”二妞正削着土豆，闻言手一抖，刀刃在指腹压出浅白印子：“我刚毕业来深圳，房租押一付三，结果钱包在地铁上被偷了……那两天找工作，公司都说要压一个月工资……”她低头搓着围裙边，发梢垂落遮住泛红的眼眶，“实在饿得发晕，才厚着脸皮来您这儿碰运气……”

某日清晨，一个穿深灰西装的男人踱进餐厅。他解开袖扣时，腕表折射出冷光，点了一份美式早餐后便翻开《经济学人》。姑娘端上餐盘时，男人忽然开口：“餐具摆反了。”

“您惯用左手，我便调换了刀叉位置。”姑娘笑着指向男人搭在扶手上的左手——无名指戴着枚素戒——此刻正无意识摩挲着杯沿。男人一怔，又见她目光扫过他递

来的银行卡：“英国汇丰银行的卡面，和国内的不太一样。”

男人眼底闪过一丝兴味，指尖敲了敲桌面：“小姑娘，做我助理如何？月薪两万。”他递来的名片烫着金边，姓名栏印着“刘浩”。

姑娘却后退半步，围裙带子在腰间勒出深痕：“谢谢刘总赏识，可现在餐厅太忙了……老板收留我，我不能说走就走。”她咬了咬唇，“您若急用人，我……”

“不急。”刘浩突然笑了，将名片塞进她掌心，“我叫刘浩，等你想清楚再联系我。”他起身时，听见女孩轻声说：“我叫王二妞，您喊我二妞就行。”

望着女孩转身去擦桌子的背影，刘浩摩挲着袖扣——方才她擦拭他桌面前水渍时，特意将餐巾叠成菱形，这是香港半岛酒店的服务标准。

三个月后，当二妞抱着文件袋站在林氏集团总裁室时，刘浩望着她工牌上“行政助理”的字样，忽然想起那日她擦拭吊扇叶片的模样——踮着脚，马尾辫扫过印着“优秀员工”的流动红旗，腕上还沾着面粉。

正如她后来所说：“真正的细致，不是记住所有规矩，而是看清规矩背后的人。”

高手过招

王二妞的逆袭，始于她将“生存危机”转化为“价值展示场”：用超强观察力破解客户需求（左手用刀叉、汇丰银行卡），以服务细节构建信任锚点（叠菱形餐巾、调整餐具位置），最终将“欠债者”身份重塑为“不可替代的助手”。这揭示了一个残酷真相——在注意力稀缺的时代，被动等待被发现等同于慢性自杀。你必须像二妞那样，把每个接触点变成发射台，用微小细节发射独特价值信号，让目标对象在很短时间内完成“发现——好奇——依赖”的认知闭环。

招式一：打造价值定位系统

在信息过载的时代，清晰的价值定位是破圈的前提。你需要像品牌策划师一样，用一句话定义自己的核心优势，并将此定位渗透到所有对外接触点（简历、社交媒体、线下交流）。

招式二：设计价值引爆点

出圈需要制造“记忆爆破点”，让目标对象在几秒钟内记住你。这可以是独特的视觉符号（如扎克伯格的灰T恤）、颠覆认知的言论（如马斯克的“第一性原理”），或超预期的交付结果（如二妞的菱形餐巾）。

招式三：构建价值网络

单点突破难以持续出圈，需将价值嵌入人际网络。像二妞从餐厅到总裁室，本质是价值链条的延伸——先证明服务能力，再展现行政潜力，最终获得战略级信任。

圈子里的地位，取决于你制造的需求度

> 真正的安全感，从来不是乞求来的，
> 而是把自己锻造成别人无法拒绝的“必选项”。
> 与其在别人的棋盘上当卒子，不如让自己成为下棋的人。

有个卖鱼缸的商人，因为行业不景气，生意惨淡。

他想了想，找到了一个卖金鱼的老人，低价买了 5000 条金鱼，老人很高兴地亲自送货上门。这时，商人却把老人带到了城里那条小河的上游，对老人说，把这 5000 条金鱼全都放到小河里。

老人十分不解，商人说，你尽管放心，我一分钱都不会少给你的，老人依言照做。

很快，消息传遍大街小巷。附近居民争先恐后跳入小河中捕捉金鱼，捉到金鱼的人，兴高采烈地去街上买鱼缸，那些还没有捕到鱼的人，也跟着去抢购鱼缸。尽管商人把价格抬高了一些，鱼缸还是很快就被抢购一空。商人利用巧妙营销大赚了一笔。

高手过招

被需要的价值不是等来的，而是制造出来的。这个过程需要三重觉醒：第一，停止用“我没用”自我设限，转而思考“我能解决什么问题”；第二，把“他们需要我做什么”转变为“我能创造什么不可替代的价值”；第三，用结果建立信用背书，让被需要从偶然变成必然。

招式一：建立价值清单

每周记录三件“只有我能做”的事，无论是优化流程、协调资源还是提供情绪价值。当事情超过 20 项时，你的不可替代性已悄然形成。

招式二：实施技能嫁接

将主业技能延伸到跨界领域（如财务＋设计思维＝成本可视化专家，人事＋数据分析＝人才效能顾问），制造复合型价值缺口。

招式三：设计价值锚点

在团队中主动承担“脏活累活”中的关键环节（如整理客户数据时建立标签体系），让离开你的成本远高于替换成本。

学会巧妙搭台，让别人开心唱戏

人性中有一种愚蠢，就是见不得别人好。
自以为拆别人的台，就是在成全自己。
结果，把路走得越来越窄；
实际上，弱者互踩，寸步难行，强者搭台，助人助己。

刘杨的领导能力出众，工作中始终保持着一种不服输的冲劲，这种拼搏姿态让刘杨打心底里佩服。他做梦都想成为领导那样的人，在工作上取得傲人成绩，拥有超凡能力。

不过，这领导有个“特别”的毛病——见不得下属被工作绊住脚。只要下属工作出点岔子，他立马就坐不住了，风风火火地冲上去帮忙，那架势，仿佛不插手就浑身不自在。

起初，刘杨还觉得领导热心肠，有这样的领导是自己的福气，所以工作格外卖力，一心想着把所有难题都自己解决，决不给领导添麻烦。遇到困难，他也咬着牙硬扛，哪怕心里没底，也死撑着不向领导汇报，就盼着找个完美时机把问题解决掉，给领导一个惊喜。

可日子一长，刘杨就察觉到领导对他态度大变。说话不再和颜悦色，甚至时不时冒出几句冷嘲热讽，话里话外都在指责他对自己能力没个清醒认识，太爱逞能，总想着表现自己。

刘杨这才恍然大悟，原来领导总抢着帮下属解围，哪是什么纯粹的好心。这背后啊，藏着领导的小心思——他想借着帮下属解决问题，来彰显自己的能力，在众人面前好好露一手。

刘杨的拼命努力，无形中抢了领导的风头，断了领导表现的机会，领导心里能不窝火吗？

高手过招

人都有一定的表现欲，适时适当地给别人搭建表现的舞台，自然而然就会获得别人的好感。处世高手都懂得通过成就他人来拓宽自己的格局，既让对方感受到被尊重的价值感，又能在互动中实现自我提升。这种“利他即利己”的智慧，能打破零和博弈的桎梏，将人际关系转化为可持续成长的生态网络。

招式一：退半步，尊重他人自主权

在他人需要时提供恰到好处的支持，而非大包大揽。例如，当朋友面临职业选择时，可分享行业信息但让朋友保留决策权；当家人尝试新事物时，提供工具建议却不过度干预过程。这种“退半步”的智慧，既能激发对方自主性，又能避免因越界引发矛盾。

招式二：懂示弱，激发他人价值感

适时展现自身局限。比如在团队讨论中坦言“这个问题我需要你的帮助”，在亲密关系中承认“这件事我需要你协助处理”。让对方感受到被需要的价值感，对方就会为了满足自己的优越感，将资源向你倾斜。

招式三：会造势，巧妙为人搭戏台

社交场合，要懂得主动为他人创造展示才华的机会。例如在聚会中推荐擅长音乐的朋友表演，在团队中为新人争取项目自主权，等等。当你学会为别人铺路时，别人也会帮你把路越拓越宽。

懂得借别人之口，抬高自己身价

权威者的当众肯定，比你的不遗余力更有用。
借他人之口，非投机取巧，乃洞悉人性后的顺势而为。
会处世者，懂得将自己的价值转化为社会共识，
让旁人的认可成为最坚实的背书。

小林是广告公司的新人策划，入职三月，方案屡遭否决。总监评价他“创意天马行空，但不懂客户痛点”。小林没有辩解，而是默默观察：每次提案失败，同事们总聚在茶水间吐槽客户“保守”“难伺候”。

一日，小林故意在茶水间“偶遇”设计部老张——公司公认的“客户翻译机”。他端着咖啡，看似随意地说：“张哥，我昨晚改方案到三点，总觉得客户说的‘高端感’像雾里看花。您经验多，要是您会怎么表现？”

老张心里受用，接过方案草稿，边看边指点：“客户要的不是奢华，是‘克制的美’。你看这版面，留白不够，像赶集摊位……”小林连声附和，顺势邀老张共进午餐，美其名曰“请教”。

三日后，小林的方案摆在总监桌上，并特意说了一句，“这个方案是在张哥指导下修改的”。总监认真翻看，偶尔点头，偶尔皱眉，老张恰巧推门而入，瞥见方案笑道：“哎哟，这留白处理得像我做的啊！”

总监合上方案，点头笑道：“小林，做得不错，提案由你主讲，老张坐镇！”

提案会上，小林主讲，老张不时点头补充。客户当场签约，还指定小林为“年度合作策划”。庆功宴上，同事调侃小林“抱上大腿”，他却淡笑：“是张哥的眼光毒辣，我不过递了把尺子。”

事实上，小林的创意方向根本没变，只是按照老张的话稍稍做了一些改动。

高手过招

身价不能强行推销，你越是自卖自夸，别人越是心生疑虑和厌弃。

高明的处世者懂得为自己创造条件，让旁人的认可成为自己的代言。这一策略背后，是心理学中的“从众效应”与“权威偏见”——人们倾向于相信多数人的判断，更信赖权威背书。

招式一：造势不如借势

主动结交圈子里的“关键意见领袖”，创造机会让权威人士接触你的成果，而非直接求赞。记住：最好的广告，是他人自愿为你发声。

招式二：藏锋不如露怯

适度展示短板，激发他人的指导欲。心理学中的“出丑效应”表明，适度示弱能够增强别人的好感度，并出于虚荣及同情心理，为你提供帮助。

招式三：求赞不如植赞

在社交场合埋下“评价钩子”，创造对比场景，让旁人在比较中自然形成赞誉。

06

圆融：道行深的人，懂得揣摩对方心理

向上社交靠的不是巴结

向上社交的本质是吸引别人发现你的价值，
当你能够帮助目标对象处理核心利益，
或者非常私人的事情时，
你和他之间的关系基本就稳固了。

男孩和客户签了一个上千万的订单，提成很多，为了维护客户，男孩专门提着两瓶茅台去客户家拜访。可刚一进客户家门，就发现公司的领导和客户正在吃饭，男孩灵机一动，从口袋里掏出 50 元钱，对领导说："王总，这是您让我送过来的酒，找回的零钱我给您放酒盒上了，您二位聊着，我先回去了。"

第二天，领导给男孩打电话："东城有个项目，我和那边的赵总打过招呼了，你去签一下吧。"

半年以后，领导高升，全公司员工都在群里发祝贺语，恭喜领导青云直上，万里鹏程云云。只有男孩发的是私信："听闻您即将履新，内心既欣喜又不舍。欣喜的是众望所归，不舍的是不能继续一起共事。非常荣幸能够成为您的部下。自我入职以来，您亲如兄长，教导我做人做事，栽培我一路成长。大恩难以言表，您永远是我的领导，我永远是您的兵，也希望有朝一日，能够再回到您的麾下。"

几分钟以后，大家都收到了统一的回信，只有男孩收到的不一样：我们终有共事的那天。此后，领导总是竭力找机会提拔男孩。退休之前，这个领导硬是发挥余热把资历还浅的男孩往上又提了一级。

高手过招

向上社交不是让你拿着礼物去逢迎，去做表面功夫。在聪明人面前，巴结只会

让对方不屑一顾。贵人都是吸引来的，所以我们要做的是，如何让对方将目光凝聚在自己身上。

招式一：自己无条件地认可自己

精神状态一定是高能量的，别丧。真正厉害的人物，不会因为你弱，对你产生同情去帮助你。他们看重的是孵化与产出比。

招式二：释放自己的价值

少说，多观察，多行动，不该问的别问，让自己有点神秘感，观察对方需要什么，立刻去做。大佬面前，你的那些献殷勤举动都是低端局，不要玩心眼，要懂心理。

招式三：让贵人见证你的成长

每隔一段时间给贵人汇报一下自己当下的进步情况，一方面表达你的感谢，另一方面，让他在你身上获得成就感，他会一直愿意帮你。因为当一个人的层次达到一定高度时，他会更加追求精神上的满足感，某种程度上说，你就是他的作品。

会办事，就是能把事情办漂亮

同样的一件事，情商高的人和情商低的人做出来，效果就不一样。
情商低的人或许也能把事情办好，不过仅此而已。
情商高的人却能从办事的细节中挖掘出更多价值，并且把这些价值变成机会。

一个开发商老总把车开到工地上，拉着亲侄子说：“大明，现在忙不忙，我这车出门忘洗了，有空你帮我擦一下吧。”

大明二话不说，找到一个有水管的地方就冲了起来，冲洗完还用抹布把车擦得明亮如镜。叔叔看着焕然一新的车子，拍了拍大明的肩膀，便开走了。

大明暗自欣喜，叔叔这个拍肩动作，是夸自己干得漂亮吧？

两天后，老总的车又脏了，又把车开到工地上。这次他找了一个在工地打工的远房外甥吩咐说：“小伟啊，我这车脏了，忘洗了，你能帮我擦一下吗？”

小伟听完接过钥匙，直接把车开到市里最好的洗车行，点了一个最贵的套餐，清洗车子不说，又给内饰保养，又给车漆抛光打蜡。一切搞定，小伟又去商场，买了一盒高端月饼放进后备厢，还车的时候不忘叮嘱表舅：“舅，快过节了，给您拿了点自己家的特产，回家一定要尝尝。”

没过多久，小伟就被安排进公司，主抓重点项目，半年就赚了100多万。

高手过招

小伟给汽车做全套养护时，做的是自己的重视感；他把月饼放进后备厢时，放的是人情世故。这些细微的情绪价值，远比“办事能力”更打动人心。毕竟，谁会拒绝一个既解决问题，又让你心里舒坦的人呢？

会办事的人，永远能在“显性需求”之外，多看见三层隐性需求。

招式一：主动服务思维

把“解决问题”变成“预防问题”，永远比对方多想一步：对方要擦车，我就连内饰一起做；对方要数据，我就附带分析方案。

招式二：场景化人情

把车擦得再干净，不如送洗车时的“过节特产”；请吃饭不如暴雨天的热茶。人情要做在“需要时”。对方加班时送夜宵，比过年群发祝福更暖心；对方出差时整理好当地攻略，比口头问候更实用。

招式三：服务可视化

洗车店套餐比工地冲洗贵10倍，但让老总看见重视感；泡普洱茶比铲泥简单，却让领导记住“贴心周到”。办事不是简单要个结果，更要让付出获得增值回报。记得汇报时带上过程记录，帮忙后附个简单总结。

领导说的话，多往深处想一想

真正的职场高手，
必然具备“听锣听声，听话听音”的本事。
当你能从领导的只言片语中，
拆解出他真正的意图时，
你就拥有了成为“左膀右臂”的资质。

璐璐大学毕业后进入了一家公司。有一天，领导带着公司一群人吃早餐。领导问：“大家想吃什么，吃饺子还是喝粥？”

李伟作为公司元老，为了给领导节省开支，马上接话说：“咱们喝粥吧，现在外边的饭店，这饺子馅里不知道放什么肉。”

老秦连忙点头：“就喝粥吧，热粥暖胃，挺好的。”

有了前面两位老人做样子，大家也纷纷跟着点头，喝粥似乎达成了共识。

领导又问璐璐意见，璐璐眼珠子一转，说：“老大，咱们还是吃饺子吧，因为吃饺子实惠，扛饿，喝粥它不抗饿。主要是，我想吃饺子了，老大你就照顾照顾我这个新人呗。”

领导一听，点头道：“璐璐说得对，她在咱们团队里年龄最小，咱们应该多照顾女孩子，就吃饺子吧。”

李伟不解，私下问璐璐：“大家都说喝粥，是为了给老大省钱，你怎么和大家唱反调呢？小心老大对你有意见。”

璐璐笑笑：“李哥，你想想，老大如果想喝粥，他还用问我这个新人吗？”

李伟恍然大悟。

还有一次，领导带着李伟和璐璐去应酬，饭局结束，领导说：“老李，这半瓶茅台给你父亲带回去喝，都自己人，别嫌弃。”

李伟一听，心想领导应该是不想浪费，顺带体恤一下老员工，正准备答应的时候，

一旁的璐璐连忙踢了李伟一脚，说："老大，李哥的父亲不喝酒，我给您放车上，一会您带回去，嫂子平时做个菜啥的也能当个料酒用。"

领导点了点头，说："好吧，那咱们也别浪费，这次还是听你的。"

璐璐工作能力出众，不到一年，就被破格提拔为经理，而李伟在公司干了 5 年，还是个小主管。李伟心里有点不痛快，某天阴阳怪气地对璐璐说："呦，璐璐经理现在容光焕发，以后还得多多提携我呦。"

璐璐笑着说："李哥，您就别笑话我了，是不是还在为上次半瓶酒的事情生气呢？我跟你说，上次饭局跟那次早餐一样，领导想带回去又抹不开面子，就随口提了一下让你带回去，你还真想带回去？"

李伟转念一想，冷汗就流下来了。

高手过招

领导说"最近辛苦了"，别急着回"应该的"，先想想这背后是画饼还是递刀；领导夸你"思路活跃"，别忙着飘飘然，先琢磨这是委婉提醒还是真心认可。职场如棋局，真正的高手从不信"字面意思"，他们像解码师般，能在领导的只言片语中，拆解出未说破的潜台词、未写明的 KPI、未落子的战略图。

招式一：建立"话术解码本"

整理"领导黑话词典"，将常见领导话术转化为行为指令。如"最近状态如何"可能是压力测试，"再想想"实为方案驳回，"抓大放小"暗示资源倾斜，"弹性办公"= 可能需要加班。记录高频话术及真实含义，定期复盘"解码准确率"，优化对领导风格的认知模型。

招式二：设计"需求推演链"

绘制"需求分布图"，从表面需求推导出真实诉求，区分举出需求与深层需求，准备"预案工具箱"，针对不同潜在需求设计应对方案。

招式三：构建"反馈试验场"

设计"反馈话术库"，包含确认式（"我理解您的意思是……"）、假设式（"如果从 ×× 角度……"）、建议式（"或许我们可以尝试……"）；观察领导反应，通过试探性反馈验证解码准确性，记录与领导对话话术的修正与补充。

最好的社交设计，恰如春风化雨

真正高级的社交设计，不是用精密算法编织牢笼，
而是像春风化雨般消弭人与人的隔阂。
当环境不再以“设计者”的姿态强加规则时，
当互动回归到看似无序的自由生长时，
反而会编织出最动人的社交图景。

上海一位美女在广州开了一家300平方米的台球厅，只用了三招，就轻松干掉周边5家同行，半年后达到每月盈利十几万，她是怎么做到的呢？

首先，美女老板在台球厅立了个牌子，牌子上写着：凡是用国产手机的顾客可以免费来打台球，并且还不是免费一次两次，而是免费一整年。不过，每次只能免费打40分钟，超过40分钟的部分正常收费。

奇怪的是，但凡过来打台球的顾客，一般都会打两三个小时，相当于每年利用免费的40分钟，吸引了大量顾客，赚取后面一两个小时的利润，这就叫引流。

有了热度，美女老板趁热推出了一个优惠项目——只要缴纳99元，就可以成为该台球厅的会员。原先25元每小时的台费，会员只需要15元。不仅如此，凡是成为会员的顾客，每次过来打台球，还可以免费领取一瓶饮料。

你可别小瞧这一瓶饮料，我们知道，打台球至少需要两个人，有时来的人甚至更多。那么赠送的这瓶饮料，那位会员总不能够自己喝吧，看着小气不说，还会得罪人，所以只有掏钱再买更多的饮料，所以这实际上是美女台球厅的一个隐性收入增长点。

另外，美女老板每个月还会举办一场台球友谊赛，只限会员参加，挑战赛第一名奖金800元，第2名奖金500元，第3名奖金300元。大多数喜欢打台球的人，都认为自己是台球高手，于是积极报名参与。凡是参与了活动的顾客，美女老板还有其他小礼品赠送，力求使每位会员都有参与感。

这种活动，既能娱乐交友，还有机会赚奖金，如果你喜欢打台球，你来不来？所以最终有 90% 的顾客都交了 99 元的会员费，成为台球厅的长久顾客。

这就叫作品牌宣传和裂变，也叫回流。

就这样，美女老板台球厅每天的生意都异常火爆。

高手过招

吸引力早已不是魔法。它是认知心理学与行为经济学的交响曲，是数据模型与人文洞察的共谋。当你开始用工程师的严谨设计每个触点，用艺术家的敏感捕捉每个情绪拐点时，吸引力自然会像精心编排的多米诺骨牌，在你想吸引的人心中引发连锁反应。

招式一：制造认知缺口

人类大脑对未完成事项的执念，是设计吸引力的原始动力。抖音的“上滑加载”利用蔡格尼克效应，让用户永远卡在“即将看到下一个”的期待中；星巴克把中杯设为默认选项，通过价格锚点制造“占便宜”的错觉。真正的处世高手都懂得：最好的设计不是填满需求，而是创造需求。

招式二：构建情感体验触点

全季酒店大堂的禅意香氛、无印良品商品标签上的匠人故事、海底捞等位区的美甲服务，都是在打造“关键时刻”。这些触点如同珍珠项链的丝线，把零散的体验串联成完整的记忆链。研究表明，人与人之间的情感联结，70% 产生于非关键事务接触点。

招式三：设计转化路径

拼多多将“砍一刀”设计成社交游戏，让每个参与者都成为传播节点；蔚来汽车把试驾变成城市探索之旅，用户在打卡网红地标时完成品牌植入。这些设计都遵循“最小行动成本”原则——让关系的转化步骤比吸引目标预期的更简单，比别人的更有趣。

求人办事，先要弄清对方看重什么

求人如钓心，饵不投潭底，鱼怎会上钩？
愚钝者只知挥锤猛砸，徒留满地碎屑。
会办事的人，却懂得将诉求化作一把钥匙，
直插对方心锁的孔洞。

左宗棠初任浙江巡抚，面对杭州城的烂摊子，最缺两样东西：粮与饷。胡雪岩彼时正押着 20 万石粮食在钱塘江上徘徊——这批粮本为王有龄所购，杭州沦陷后，他若将粮卖给太平军，可获 10 倍之利，但他却没有追求暴利，只待清军收复杭州。当左宗棠的军队在城外扎营时，胡雪岩的粮船如神兵天降。胡雪岩未提要求，只命人熬粥赈济百姓，左宗棠闻讯急赴江边，见百姓捧粥跪谢，当场攥住胡雪岩的手，感激得说不出话来。

但胡雪岩的“形式”远未结束。他深知左宗棠要争平定太平军的头功，必得先稳住军心。次日，他命人抬来几箱白银，对左宗棠道：“此银专为约束军纪，凡有劫掠百姓者，可拿此银补偿。”左宗棠愣住——历来攻城军队有三日“劫掠期”，胡雪岩却要用银钱买断这潜规则。更绝的是，他当场与左宗棠立下字据：“10 日内若有一例劫掠，银两全数充公。”

这双重“形式”击中了左宗棠的命门：粮解近忧，银断后患。左宗棠当即上奏朝廷为其请功。此后，胡雪岩又以“代借洋款”的形式，帮左宗棠解决西征军饷。他深知左宗棠忌惮“借洋款损国体”，便设计让各省协饷作保，洋行先垫资，待协饷到位再还款。这一形式既保全了左宗棠的面子，又解决了实际问题，使左宗棠在慈禧面前大赞胡雪岩“实为不可多得之员”。

高手过招

胡雪岩的成功，在于他看透了人性对“形式”的依赖：左宗棠要的是“功绩”，他便给“粮草”作战绩注脚；要的是“清名”，他便给“银两”作军纪担保；要的是“体面”，他便给“借款”作权宜之计。形式是心的镜像，你照见对方什么，对方就还你什么。会办事者，不强行改变对方，而是成为对方需求的翻译器，将诉求转化为对方听得懂的语言。

招式一：先做心坎里的解密者

求人前，先挖开对方心坎的表层：对爱面子者，给台阶；对重利者，算明账；对尚名者，戴高帽。形式如衣，需合对方身材。

招式二：让形式成为“共谋剧本”

求人时，莫单方面输出诉求，而要邀对方入戏。比如求职，不说“我需要工作”，而说“我能为您解决什么问题”；求合作，不写“请带我赚钱”，而写“这是我们共同的机遇”。

招式三：在形式中埋下“情感钩子”

胡雪岩送粮时，让百姓跪谢左宗棠；送银时，立下军令状。这些形式不仅解决问题，更在左宗棠心中埋下此人不可负的钩子。今人求事，亦需在形式中注入情感：情绪价值不可少，办事时主动汇报进度，让对方感受到被重视。形式终会褪色，但钩子会越扎越深。

在借与还的流程中启动价值互动

互动既是破冰的斧，亦是织网的梭。
世间人情皆在往来中绵密，独善者枯，共利者荣。
真正的处世智慧，不是紧攥手心的苹果，
而是在借出与归还的循环里，让一粒籽长成一片林。

初入职场的豆豆发现部门有个“隐形规矩”——每周例会由资深主管陈哥主讲行业趋势。陈哥的笔记是众人眼中的“武林秘籍”，却从未外借。

某日，豆豆接手一个重要项目，急需恶补行业知识。她没有直接开口借笔记，而是连续三周每天早到半小时，帮陈哥整理资料、调试设备。第四周例会后，她递上一杯手冲咖啡，轻声说：“陈哥，我想借您的笔记抄录重点，但有个条件——我每抄一页，就附上一页自己的理解，您看哪些有用就留下。”

陈哥愣住。以往求借笔记的人，要么被拒绝，要么借去后石沉大海。豆豆的“条件”却与众不同。他点头应允，却暗自观察：豆豆每天都加班，最后一个离开办公室，笔记归还时，每页都贴着便笺，既有案例延伸，也有疑问探讨。

三个月后，豆豆的项目获得成功。她归还的不仅是笔记，更是一份“知识地图”：将陈哥的经验与新趋势结合，标注出潜在合作机会。陈哥拿着笔记本，在部门会议上说：“豆豆是个新人，但是她的努力有目共睹，希望大家以后都多支持、帮助她。”

高手过招

借与还的过程，本质是价值的共生循环。豆豆深谙“借道即收获”的哲理：她借笔记，收获的是陈哥的信任与经验；她附注理解，播种的是长期合作的种子。真正的价值互动，不在于账面上的得失，而在于完成了一次人心的抵押与信任的质押。当“还”超越对方预期时，价值便完成了从物质到精神的升华，关系也从临时借用升华为命运共同体。

招式一：借时铺路，还时架桥

借助时，主动降低对方损失风险；回报时，提供超预期的价值。心理学中的“互惠原理”表明，适度的让利能激发对方更强烈的回报欲。

招式二：将过程转化为情感互动

借与还的过程，可设计成增强情感的仪式，让关系在往来中扎根。每一次回馈，都是一次“情感存款”，让情感账户于此处日渐丰盈。

招式三：借中埋钩，还时织网

借时，埋下未来合作的钩子（如豆豆附注理解，为后续合作埋伏笔）；还时，编织更紧密的关系网（如邀请对方成为长期伙伴，共享资源与利益）。在借与还的循环中，将临时关系转化为命运共同体。

想要吃肉先喂猪，想要发达先“植树”

喂猪者，非为猪肥，乃为肉香；
植树者，非为树高，乃为荫凉。
世间得失皆有因果。
有远见的人，不会在乎眼前的口腹之欲，
而是会着力于经营未来的高级布局。

老周是城中村菜市场的猪肉贩，摊位夹在两家海鲜档之间，生意冷清。同行都笑他“笨”：别人给餐馆老板塞回扣，他偏往饭店后厨送猪骨汤；别人缺斤短两赚快钱，他天天给周边小吃店送免费猪油。

此后10年间，老周的“食材联盟”悄然成形。他给每个关键人物都建了“账户”：川菜馆王师傅爱喝汤，他每天留一桶猪骨汤；面馆刘老板要炸葱油，他免费供应猪油。最绝的是，他给每家合作餐馆都留了“利息”——凡用他猪肉的饭店，他额外赠送猪皮，美其名曰“边角料利用”。

如今，老周的猪肉铺扩成食材配送公司，却再未主动拉过生意。当年他“喂”过的厨师，有的成了行政总厨，有的自己开店当老板，但无论开在哪里，食材订单的第一通电话总是打给他。

老周常说：“我卖的哪是猪肉？是移动的招牌。”

高手过招

老周的“喂猪”与“植树”，暗合人性规律：短期利益如猪食，喂得越多，猪肉越肥；长期关系如树苗，栽得越早，荫凉越广。他深知，关键人物的“胃口”需用定制化服务喂养，而人脉资源的“根系”需用超前布局滋养。真正的发达，不在于争夺眼前利益，而在于构建可持续的生态链——当“猪”养肥了，“树”成林了时，自然会获得长久的回报。

招式一:“喂猪”要喂七分饱，留三分让猪跑

喂养你生命中的关键人物时，忌一次性喂饱。如老周送猪骨汤不送整猪，而是持续供应日常所需，保持“饥饿感”才能维持关注。心理学中的“间歇强化”理论表明，不定期奖励比固定奖励更能巩固关系。

招式二:“植树”要选对土壤，更要选对树种

配置人脉资源时，先评估对方潜力。老周专攻有手艺、缺供应链的厨师，而非只会炒菜的普通厨子。如同植树需选耐旱耐涝的品种，人脉投资也要选抗风险能力强的“优质股”。

招式三:“猪”与“树”要分开养，避免生态失衡

“喂猪”与“植树”的本质，是功利与远见的辩证法。会处世者，懂得在喂养中收获即期回报，在栽培中等待长期复利。当“猪”肥了，“树”高了时，你便拥有了双重保障：即使某天猪瘟肆虐，仍有绿荫蔽日。

表达心意的时候，一定要师出有名

滴水之恩，当以江海相报，但江海需循河道而涌。
真正的感恩，不在礼物的贵重，而在回馈的“名正言顺”。
若师出无名，纵有千金相赠，亦如乱箭穿林，难中靶心。

阿杰的咖啡店开在创意园区，最忠实的顾客是隔壁广告公司的总监苏姐。苏姐不仅天天带团队来开会，还介绍了好几个大客户。阿杰总想感谢，却犯了难：送会员卡显得生分，请吃饭又怕对方忙。

直到某日，苏姐随口抱怨：“附近连家像样的手冲店都没有，客户来了都没法招待。”阿杰眼睛一亮。两周后，他在咖啡店角落辟出“VIP 手冲吧台”，挂上木牌：仅限预约，主理人特调。

首场体验日，阿杰给苏姐发去手写邀请函：“感谢您让这里飘满咖啡香，愿这杯‘灵感特调’能回馈您的知遇之恩。”苏姐推门而入，发现吧台摆着她最爱的洪都拉斯雪莉咖啡豆，而阿杰正穿着定制围裙，手持珐琅壶等她。

那晚，苏姐发了条朋友圈：“最好的客户关系，是彼此成就。”配图是那杯拉花成“S”形的咖啡。半年后，广告公司年会指定阿杰的咖啡车驻场，苏姐悄悄对他说：“下次请你教我的实习生做特调，他们总说公司缺了点‘人情味’。”

高手过招

直接的物质回馈易被视为“交易”，而师出有名的情感互动才能成为“情谊”。真正的感恩，不在于礼物的价格标签，而在于回馈的“正当性”——当心意有了恰当的名义时，接受者才能心安理得地享受，施予者也能避免“谄媚”之嫌。

招式一：回馈要“借壳上市”——把礼物变成故事

将物质回馈转化为精神体验。例如：给帮助过你的朋友送家乡特产时，附上手写卡片：“这包腊肉是奶奶亲手腌的，你上次说想尝地道年味，奶奶特意多装了一袋。”

心理学中的“记忆隆起”效应表明，有故事背景的礼物更易被铭记。

招式二：需求要“暗度陈仓”——解决痛点不留痕

观察对方未明说的需求，用“润物细无声”的方式帮助。避免直接还人情的尴尬，让回馈成为“恰好相遇”的善意。

招式三：名目要“师出有名”——给感谢一个台阶

为回馈找到合理借口——当对方觉得你的付出有“正当理由”时，接受压力会大幅降低。

师出有名的感恩，是给对方一个“心安理得”的台阶，也是给自己一份“体面从容”的尊严。会处世者，懂得将心意包装成命运的礼物，让回馈成为双向的滋养。当“感谢”有了恰当的名义时，再小的善意也能生根发芽，长成庇护彼此的森林。

八面玲珑

07

整顿：既要与人为善，也要不辞一战

面对恶意欺辱，要重拳回击

怕事为弱势，手段压恶人，
能给自己和家人安全感的，才算真正的好人。
不然，就容易陷入“人善被人欺”的恶局。
真正的高手都是在收网时，
对手才慢慢咂摸出他笑容中的意味。

大学图书馆里坐满了人，男孩眼见四下无空桌，便就近走到一个漂亮女孩身边，礼貌问道：“你好，请问我能坐你旁边吗？”

女孩斜视男孩一眼，突然拔高了声音：“不！我不想和你过夜！请你不要骚扰我！”

图书馆瞬间安静了下来，学生们齐刷刷地看向男孩，男孩尴尬得恨不得找个地缝钻进去。

过了一会儿，女孩走到男孩落座的桌子旁，轻声说道：“弟弟，我是学心理学的，我非常清楚男人们都在想什么，你现在尴尬吗？”

下一秒，男孩突然抬头大声说道：“一晚上要 1000 块？这也太贵了吧！”

图书馆里的学生们又齐刷刷眼神错愕地看向女孩。女孩一下子愣在当场，俏脸红得简直能滴出血来。

男孩站起来，贴近女孩耳边低声说：“姐姐，我是学政治学的，我不懂女人在想什么，但我非常清楚怎么毁掉一个人。”

高手过招

面对恶意，反击的基本原则是合情合法。其次是翻脸一定要趁早，一旦察觉到自己的利益受到严重侵害，一定要当场翻脸，把事情的严重性升级，让对方知道你的底线在哪里。当场翻脸有礼有节，如果只是背后吐苦水、发牢骚，在旁观者眼中

你就是小肚鸡肠了。

招式一：心理洞察

将 3 次以上挑衅事件的时间、地点、手段、旁观者反应进行交叉分析。记录常用攻击句式和逻辑谬误类型。

招式二：策略反击

将冲突从情绪层面提升到价值评判。提前安排“托儿”在关键位置，用提前设计的台词引导舆论。如：“你怎么总针对人家，看人家善良就觉得好欺负吗？”

招式三：以威慑建立边界

将法律条文、行业规范打印装订成册，在反击时当众翻阅；

用特定动作建立条件反射，如敲击桌面三下后说“这是最后一次”；

不直接冲突，而是向共同联系人、上级发送事件备忘录。

在过错上下手，使功不如使过

风可摧百年巨木，却难撼匍匐之藤；
水能载千钧巨舰，却易倾覆轻浮之舟。
人性如水，功高者易生傲骨，过失者常怀愧心。
真正的驭人之道，不在赏功时的慷慨，而在容过时的智慧。

一位老板在深圳开了几家饭店，让女儿担任其中一家饭店的副经理。

女儿刚上任没几天，就发现厨师长在偷食材，女儿想当场揭发他，可厨师长做川菜的手艺很好，如果贸然换人，肯定会影响饭店生意。

当然，在后厨装上监控器，对厨师长形成威慑，倒也花不了多少钱，但是会让厨师长觉得是在针对他。无奈之下，女儿只能向父亲求助。

几天后，女儿把厨师长请到办公室，很客气地给他倒了一杯茶，还给了一个袋子，里面装着好茶、好酒和一些保健品。女儿对厨师长说："王叔，您也是咱们店的老人了。前两天有员工举报，说您在后厨偷食材，我说不可能，王叔肯定不是这样的，一定是家里出了什么困难了。您看我这里也准备了一点心意，3000 块钱或许能帮您应应急。"

厨师长听完非常羞愧，对老板女儿也是感恩戴德。从此以后，厨师长在后厨兢兢业业地干活，饭店也再没丢失过任何食材，老板女儿略施小计就解决了饭店的麻烦事儿。

高手过招

人心如镜，功过皆是映照之术。使功者如攀绝壁，步步惊心；使过者如织锦缎，丝丝入扣。真正的处世高手，懂得在人性幽微处落子，以过错为线，织就一张牢不可破的忠诚之网。

历史从不重复，却总在押韵。“使功不如使过”的权谋之术，终需回归到“得道多助”的朴素真理中——驭人之道，在于利用人性之弱，更在于守住人性之善。

招式一：留人以过，不若留人以愧

对待下属或合作伙伴，不要苛求。适时揭露其小过，再以宽容化解，远比锱铢必较更能收服人心。如宋太宗曾对宰相吕蒙正言：“若所行非所言，则史笔如铁，将贻讥于后代矣！卿等宜识朕此意，常须谨励。”一语既显仁德，又暗埋警示。

招式二：容人之过，须先容己之过

欲使人愧，先要自愧。曹操在官渡之战后烧毁部将通敌书信，言：“当绍之强，孤亦不能自保，况他人乎？”此举既化敌为友，又树宽宏之威。领导者的“过”，往往是下属的“定心丸”。

招式三：制衡之道，在于过与功的转化

对骄纵之才，可设局令其犯小错，再授以戴罪立功之机；对怯懦之辈，可先委以重任，再宽容其试错。如同驯马，先令其失前蹄，再予其驰骋之机，方能收放自如。

抛钩离间，巧胜对手

当对手成为猎物时，
离间的本质就是一场精准的利益解构与心理重构。
要撬动其核心团队，需深谙人性趋利避害的本质，
在对方看似稳固的阵营中撕开缺口，
让对手自乱阵脚。

男孩带女朋友回家见家长，女孩好吃懒做，缺少教养，这让男孩妈妈很不满意。

男孩妈妈想拆散两个人，但又不想和儿子发生冲突。于是男孩妈妈就对男孩说："作为母亲，我有责任帮你测试一下她的人品。明天我会给她一个红包，在里面装上 2000 元钱，但是我会对她说，这是个 1000 元的红包。你过几天再问她，我在红包里给她装了多少钱，就知道她的为人了。"

几天后，男孩假装好奇地私下问女孩红包里有多少钱，女孩说 1000 元。不久之后，男孩便找了个理由，与女孩分手了。

男孩不知道的是，妈妈给女孩的红包里真的只有 1000 元。

当然，女孩更是完全不知道发生了什么事情。

高手过招

攻心为上，伐谋为次，攻城为下——离间是一场精心设计的心理战与利益博弈。其核心在于在对手阵营制造认知混乱，动摇军心。此逻辑遵循"弱点识别→心理施压→节奏控制"的三维模型，将策反从偶然事件升级为可复制的精准打击战术。

招式一：制造信息迷雾

在公开场合"无意"透露部分信息，利用信息差激发对方想象。人类大脑对"未完成信息"的填充欲，远超你的想象。

招式二：埋伏“第三方证人”

通过边缘角色传递“关键情报”，降低对方对“刻意挑拨”的警惕性。毕竟，人们更相信“偶然听到”的真相。

招式三：设计“信任崩塌链”

先释放微小矛盾（如提高返点要求），再逐步升级危机，让对手在应对中不断消耗信任资本。

打一巴掌，也要给颗甜枣

当个体同时经历“被惩罚”与“被认可”时，
大脑会主动调和矛盾，最终将施罚者解读为“恩主”。
这是人类情感进化出的对“危机后补偿”的特殊敏感。

年底，公司高层开总结会议时，老总说今年公司的利润大幅下滑，打算将年终奖由原来的六个月工资改为两个月。

市场部总监面露难色地表示，如果只发两个月年终奖，恐怕员工们会有意见。

老总拿起茶杯喝了一口，静静地看着参加会议的高层们。

这时瑶瑶站起来说：“张总，我有办法。”

下午，就有小道消息在公司内部传扬，说公司效益不好，年底要裁员。公司顿时人心惶惶。一周之后，瑶瑶在员工会议上表示，虽然公司现在很困难，但是张总不愿放弃每一个共患难的同事，力排众议决定不裁员，公司会竭尽全力渡过难关，只是在渡过困难期之前，年终奖无法发放了。

这时，员工们都松了一口气，心想大环境不好，公司举步维艰，能保住工作就很不错了。

又过了一周，公司通知所有的高层开紧急会议，员工们的心里又没底了，真害怕老总出尔反尔，再提裁员这件事。

一小时后，主管们纷纷冲进自己的部门，激动地宣布了一个好消息：虽然公司面临困境，但咱们还有年终奖，整整两个月的工资，马上会发下来！张总希望大家都能够过个好年！

瞬间，欢呼声在整个公司响起，所有人都在夸张总够意思，并且，再没有人提起以前的年终奖是六个月工资这件事。

高手过招

真正的权威，从来不是靠讨好建立，而是让对方在心悦诚服下，主动交出内心的遥控器。让巴掌成为甜枣的前奏，用“疼痛”与“甜蜜”编织交响曲，就可以在他人潜意识里植入服从的旋律。

招式一：把握“疼痛阈值”

惩罚必须突破“日常批评”的阈值，但又不能触碰人格底线（如当众辱骂）。惩罚是表演，道德是规则，分寸则是策略成败的关键因素。

招式二：给予“延迟甜枣”

在惩罚后 24~72 小时内给予奖励，让对方经历“情绪过山车”。建议私聊而非当众安抚，可以利用时间差和关注感放大效果。

招式三：建立“奖惩锚点”

将特定奖励与对方的核心需求绑定。

看透秉性，拿捏心理

人是一本无字天书，
读不懂他的秉性，所有的策略都是盲人摸象。
任何事都是“预则立”，成功属于精心准备的人。

唐玄宗在位时，姚崇和张说曾一起在玄宗手下做宰相。虽然天天同殿为官，日日协作理事，但两人也常为一些日常事务闹矛盾，结果隔阂日深。由于张说常斗不过姚崇，因此十分记恨，总想找机会报复。

不久，姚崇患了重病，估计将不久于人世。一天，他把儿子喊至床前，谆谆告诫说：“张丞相与我素来不和，我死后，他很可能会找岔子整治你们。不过，有一个办法可以避祸。张说这人有个弱点，特别喜欢首饰、玩物之类的东西，我死后，你们把我所有的首饰和玩物都摆出来，张说来吊唁时让他选择。如果他对这些首饰和玩物不感兴趣，你们则性命难保，必须赶快办完丧事找个地方躲避。如果他很留神这些东西，你们就要把它们记下来，并一一送到他的家里，他肯定很高兴。这时，你们趁机请他为我写篇碑文，他写好后马上记下来，立即请人刻到事先准备好的碑石上，同时将张说为我写碑文的事报告皇上，并请皇上过目。张说考虑问题思维较慢，几天以后他就会后悔为我写了祭文。如果他要收回祭文，你们就告诉他皇上已经过目，并且已经刻到碑上。他若不信，你们就带他去看已经刻好的石碑。这样，他碍于面子，就不能再对你们不利了。”

姚崇死后，张说前来吊唁，当看到姚府陈列的首饰和玩物时，他果然兴趣倍增。姚崇的儿子看在眼里，便悄悄记下他对哪些物品格外留神。等张说走后，便派人将张说特别感兴趣的那些首饰、玩物都送到他府上，并且请他为姚崇写祭文。

张说果然很高兴，写了祭文，文中对姚崇的生平事迹记载得很详细，而且赞扬的笔墨也不少。但是过了几天，张说突然派人来取回祭文稿本，说是文章还有些地方需要修改。姚崇的儿子见张说所为果然应验了父亲的话，便领着张说的使者去看

刻在石碑上的祭文，并告诉他皇上已经过目。使者无可奈何，只好垂头丧气地回去向张说报告。张说听说后后悔莫及，捶胸顿足道："死去的姚崇还能算计活着的张说，我至今才明白姚崇果真是比我智高一筹啊！"

高手过招

当高手在棋盘上落子时，真正的较量，早已在棋盘外的心理战中决出胜负。拿捏一个人的秉性，不是算计，而是对人性规律的敬畏与运用。

招式一：打造"人性显微镜"

观察对方在三种情境下的反应：突发干扰（如咖啡洒在文件上）、资源稀缺（如限量商品只剩一件）、利益冲突（如发红包时谁抢得最快）。微表情与肢体语言比口头语言更诚实。

招式二：设计"投射测试"

故意在谈话中提及模糊事件，观察对方是追问细节（焦虑型）、转移话题（逃避型）还是主动提出解决方案（掌控型）。答案会暴露其底层人格。

招式三：掌握"节奏艺术"

先抛出极端观点试探底线，再逐步让步，让对方产生"占到便宜"的错觉。真正的掌控，是让对方以为自己在主导游戏。

解决不了问题，就扩大问题

将“个人纠纷”升级为“公共问题”，
能激活旁观者的共情神经，
迫使问题突破原有解决阈值。
所以当温和的劝说沦为耳旁风时，
不妨让问题自己长出尖牙。

老张是某老旧小区的“业委会”主任，最令他头疼的便是3号楼楼下那些跳广场舞的老人们。每天傍晚六点，低音炮准时轰鸣，楼里孩子做不了作业，老人睡不着觉。物业协调十几次，老人们叉着腰喊：“我们退休了跳个舞怎么了？有本事你们买别墅去！”

老张悄悄在业主群发了一段视频：镜头里，一个男孩正用圆规扎自己大腿，鲜血渗出裤管。“这是502室小浩，患重度躁郁症，医生说噪声是主要诱因。孩子妈刚被裁员，再这么下去……”视频戛然而止，群内瞬间炸锅。

第二天，3号楼门口贴满联名信，电视台记者扛着摄像机赶来，律师在现场普法“噪声扰民可入刑”。老人们慌了神，主动找到老张：“我们换到河边小广场行不？别让孩子再受刺激。”当晚，最后一支舞曲在河边响起时，老张默默删掉了视频原片——其实那只是部电影片段。

老张花30元钱在外卖平台上点了一份牛肉面，收到之后翻遍整碗，只找到了一片牛肉。他打电话与商家理论，没想到商家还理直气壮地说：“就算只有一片，难道不是牛肉吗？”

老张听完挂断电话，直接下楼买了半斤熟牛肉切好铺在了那碗面上，然后拍照发到了商家评论区，写道：太满意了，这个商家服务态度很好，而且竟然这么实惠，强烈推荐！

没过几天，商家收到了大量的投诉，被平台封店下架。

高手过招

当问题被包装成“即将失去重要之物”（如健康、财产、安全）时，人会瞬间进入风险规避模式；在群体压力下，个体违规成本会呈指数级上升，即从“与自己有矛盾”变成“被大众声讨”。这种借力打力的方式，最适用于对付那些不讲社会公德的人。

方式一：拿出问题放大镜

找到问题与他人核心利益的交叉点：跳广场舞扰民，就关联“儿童心理健康”；乱丢垃圾，就强调“房价贬值风险”。用事实说话，替代无谓争执。

方式二：把握舆论临界点

在业主群、社区论坛等封闭空间抛出“测试性信息”（如科学数据、专家警告），观察反响。当关注度达到30%临界点时，再抛出实锤证据，引发链式反应。

方式三：设定退出机制

在推动问题严重化时，预留台阶。当对方被迫妥协时，顺势给出体面收场方案。我们要的，是让问题得到合理解决，而不是扩大矛盾，无法收场。

把昧良者抬得越高，他就摔得越惨

> 高明的除恶不是把恶人打倒，
> 而是在对方的欲望里埋下伏笔，
> 让他在不知不觉中，
> 使沉沦成为自选的结局。

古时候有个商人找了一个做菜很厉害的厨师，两个人一起开了一家名叫“天顺斋”的酒楼。厨师不出钱，只拿干股。

厨师手艺好，商人会做生意，酒楼没多久便打出了名气，日进斗金，商人赚得盆满钵满。

这时候，厨师心里不舒服了，觉得酒楼能赚这么多钱，主要还是靠自己的手艺，凭什么商人大块吃肉，自己只能分一点稀粥？厨师越想越气，于是用了一个损招，直接把商人给坑了。

这天，厨师故意在菜里放了一点泻药，结果导致前来用餐的客人全都轻微拉肚子。客人们集体到酒楼讨说法，还打了商人，酒楼名誉受损，生意一落千丈，商人花了不少银子，才将此事摆平。

事后，商人查到是厨师在背后搞鬼，换作一般人，说不准要做出什么事情来，但商人却按兵不动，还让厨师做了天顺斋的账房。

所谓术业有专攻，厨师哪里懂得管账啊？商人于是又给厨师找了两个账房伙计。这两个伙计精明能干，厨师什么都不用做，就天天端着茶杯，跷着二郎腿晒太阳。

几年后，店里的新厨师手艺越发精湛，店里的老顾客基本稳固，而老厨师的体力和手艺也都大不如前，商人这才把当年那件旧事翻出来。厨师只好羞愧地卷起铺盖走人，结果因为年老力衰，一直找不到工作，生活逐渐陷入困境。

事后商人说：“老李的手艺可不简单，我当时要是和他闹翻了，就凭他那一手

好菜，说不准就在对面给我搞出一个竞争对手来，所以为什么要拆穿他呢？一时意气用事的代价太大。”

高手过招

顶级掠食者从不用蛮力撕咬猎物，而是将其引入沼泽——当对方沉溺于虚假的安逸时，脚下松软的泥潭自会将他吞噬。对付居心不良者，不要剑拔弩张、刀剑相向，必要时可以为他量身定制一座“舒适牢笼”，让他在安逸中丧失爪牙。最后的那一刻，才是他应得的终局。

招式一：筑巢不筑笼

为对方量身定制“舒适区”，构建温柔陷阱，让沉溺代替对抗。心理学中的“鸟笼效应”表明，人们会不自觉地填充他人刻意留下的“空缺”，最终陷入被动。

招式二：纵欲不纵恶

允许对方在舒适区中放纵欲望，但暗中收紧缰绳，把握尺度，绝不允许对方的恶行伤及自己和他人。

招式三：收网不收刀

等待关键节点再收网，让居心不良者在最得意的时刻，被自己埋下的因引爆应得的果，让规则替天行道。

利益点是对方的“死穴”

> 利益是布局中的“眼”，能够点活全局；
> 如暗夜里的灯，能够照见出路。
> 当你的筹码恰好卡住对方的命门时，
> 再顽固的僵局也会松动。

老周是城中村的小超市老板，店面夹在两家 KTV 之间。KTV 生意火爆，客人却总把车堵在老周的卷帘门前。老周贴过告示、吵过架，但依旧屡禁不止。

有一天，老周蹲在店门口，看着堵门的豪车突然笑了。他掏出手机，对着车牌一顿猛拍，然后径直走进两家 KTV 的经理室。

“李总，”老周把照片推过去，“这辆车总是堵我的门，严重影响我的客流量，但我不要赔偿。我想要您门口那个停车位——晚上七点到凌晨两点，使用权归我。”

李总刚要发火，老周又压低声音说道：“李总，这车是您特别好的一位朋友的吧？她经常来这里捧场，弟妹认识她吗？您说，我那辆小货车万一不小心把这车刮了怎么办？”

当晚，老周在停车位摆上“超市专用”的牌子，然后把自己那辆破货车停了进去。他停车的位置很刁钻，虽然不影响车辆正常通行，但若是有车停在他的门口，身后被其他车辆堵住，再想出去，就很容易刮碰他的破货车。

此后，老周的超市又恢复了往日的火热。

某天，老周和朋友吃饭。从饭店出来时，朋友发现自己的车子被别人堵住了，于是给车主打电话挪车，没想到对方态度十分嚣张，就是不挪。

老周拿起电话又给车主打了过去，说你的车被别人剐蹭了，那人要跑，我帮你拦下了，你赶紧过来吧。

结果 5 分钟不到，车主就气喘吁吁地跑来了，围着车看了一圈，就把车开走了。

高手过招

当事情关乎自己的利益时，人们就会变得重视起来。高明的破局者，不会一上来就与对方撕破脸皮，而会找到对方“不得不低头”的痛点，然后轻轻一推，一切难题便可迎刃而解。

招式一：让痛点成为支点

深入分析对方行为背后的真实需求。人的行为始终围绕自己的核心需求展开，找到它，就找到了破局钥匙。

招式二：让交换替代对抗

将对方渴望的资源作为谈判筹码，实现双赢。人性倾向于反抗威胁，而乐于接受对自己有益的交换。不到万不得已，没有必要做零和博弈。

招式三：让制约隐形生效

设计长期制约机制，防止对方反扑。如老周的“专用车位”，既满足通行需求，又阻止车辆堵门。

对付不讲理的人，以彼之道还施彼身

不讲理的人如狂风，
若以常理对之，必被掀翻在地；
若以旋风回击，方能夺其势、破其局。
跟不讲理的人对抗，最忌讳硬碰硬，
高明的办法是用对方的逻辑击溃对方的防线。

陈婉是小区出了名的温柔女孩，平时从不与人发生矛盾，直到“考公”那阵，被小区里不分时段跳舞那帮人扰得几乎神经错乱。

陈婉下楼协商，对方气势汹汹：“我们又没去你家里跳，你管得怎么那么宽呢？”

物业调解无果。次日，陈婉买了个二手低音炮。舞曲响起时，陈婉同步下楼，站在舞场旁边，一曲《别看我只是一只羊》开始循环播放。

跳舞的节奏完全被打乱，对方前来质问，陈婉回怼：“我又没去你们家里放音乐，你们管得那么宽呢？”

对方作势要推搡，陈婉就作势要往地上躺。

三天后，跳舞的场地改到了远一些的人民公园。

陈婉去国外出差，订房间时说好的住宿每晚500美元，结果第二天结账却被告知要1680美元。陈婉傻眼了，知道自己大概遇到了一家“黑店”，就问经理，为什么要支付这么多钱?

经理一板一眼地解释道：“我们给您提供了精美的晚餐、早餐，以及游泳、健身等配套服务。”

陈婉惊诧：“你说的这些我并没有使用啊。”

经理说道：“我们提供了服务项目，是您自己没有使用。”

陈婉听完，支付180美元，嘴角一扬，说道：“那行，扣除昨天你来我这里做心理咨询的1500美元，还剩180美元。”

经理一听，怒了："哪有这种事，我昨晚根本没有见过您！"

陈婉摊了摊手，悠悠地回了一句："我给你提供咨询服务了呀，是你自己没有来。"

经理哑口无言，周围的人哄堂大笑。

最后双方都报了警，在警察的协调下，陈婉支付了剩余应该支付的 320 美元，酒店经理则郑重向陈婉道了歉。

高手过招

不讲理的人只认强弱，不认对错。与这种人讲道理，或者激烈争执，输的就是我们自己，因为我们比对方更有底线。聪明的反制，是用对方的规则把对方将死——当蛮横者发现场面不利于自己的时候，他们就会自动低头。

招式一：让规则成为武器

模仿对方的行为模式，但保留底线，避免肢体冲突。在相同的逻辑场景里，蛮不讲理的人也找不到回击的正当理由，无法占领舆论高地。

招式二：让证据替你发声

用手机、录音笔等工具固定证据，将"不讲理"转化为违规或违法。记住，任何时候法律都是我们的强大后盾，不要让自己成为情绪的奴隶。

招式三：找准节点精准打击

反制力度需要精确到可以让对方不舒服，却不至于反扑。这样既能维护自身权益，又可以避免新一轮冲突。最优策略就是让对方意识到，和解比对抗更有利。

聪明人不与小人正面冲突

小人如蚁，聚则成患，散则自溃。
聪明人不会与小人正面厮杀，却会在暗处投石，
用他们的贪婪点燃嫉妒，用他们的自私激化猜疑。
当内部裂痕深如沟壑时，再坚固的小人联盟也会轰然倒塌。

张万丽是某外企的市场经理，空降部门第一天，就撞上公司牢不可破的“铁三角”——副总王莉、财务部主管季燕、采购部主管张倩。三个女人对这位新来的经理同仇敌忾，横挑鼻子竖挑眼，导致张万丽的工作大受影响。

无奈，三人抱团多年，连总经理都头疼：“这三个女人像连体婴，动一个，三个跳脚，牵一发动全身，真拿她们没办法。”

有一天，张万丽在厕所里，恰巧听到采购部两名员工在埋怨副总王莉处事不公、能力与待遇不匹配。张万丽灵机一动，悄悄按下录音键，随后，她将音频发送给了总经理。

不久，总经理在公司大群里公开了这段音频，并且严肃警告：希望各部门全力合作，共同推进公司工作，不要各自为政，搞那些弯弯绕绕！

当天下午，张万丽就看到王莉气冲冲地去了采购部。

几天后，公司内有小道消息疯传，说采购部张倩经常吃客户回扣，老总要亲自督促财务部和法务部严查这件事。

当晚，张倩在朋友圈发了一条动态：“有些人，端着碗吃饭，放下碗骂娘。”

半个月后，“铁三角”彻底崩裂：张倩举报王莉用公款美容，揭发季燕做假账，王莉、季燕反咬张倩吃回扣。三个人互相撕咬，最后全部被有关部门带去协助调查了。

高手过招

小人联盟的根基是利益，而利益的分配永远无法绝对公平。如果我们能够在小人联盟内部制造猜疑和纷争，点燃相互攻击之火，就能让表面坚固的联盟暗流涌动。当内部的裂痕深到无法弥补时，再坚固的小人联盟，也会在自我毁灭中化为尘埃。

招式一：利用人性反噬团结

心理学中有一条叫“相对剥夺感”的理论，即当私心很重的人发现他人获得更多利益时，会本能地想要攻击对方。故而，不露声色地在小人联盟之间制造分配不均或者优劣明显的落差感，再坚固的联盟也会出现松动。

招式二：让猜疑心腐蚀信任

利用信息差，在小人之间散布半真半假的传言。人类大脑对“不确定性信息”的恐惧，远大于对明确威胁的反应。

招式三：坐山观虎斗

让小人成为彼此的“清道夫”，而非亲自下场厮杀。等待小人内斗至两败俱伤时，再出手收拾残局。

八面玲珑

08

守御：熟人的伤害，比小人的陷害更危险

你的善良，要有一点锋芒

为什么别人敢在你身上做坏事？
是因为你让人觉得，在你身上做坏事，可以不付任何代价。
没有边界的心软，只会让对方得寸进尺；
毫无原则的仁慈，只会让对方为所欲为。
你太善良了，这个世界会把你啃得尸骨无存。

作家三毛在美留学时，与四位外国女生合住宿舍。性格温顺的她为融入集体，主动包揽全部家务：每天天不亮就打扫房间，整理公共区域，连室友的私人物品都归置得井井有条。

同住的欧美女孩们过着懒惰的独身生活，内衣鞋袜散落各处，起床后被子不叠就涂着口红出门。三毛默默收拾，从无怨言。起初室友们还会道谢，后来竟把她的付出当作理所当然，甚至故意将果皮纸屑扔在刚擦净的地板上。

某个深秋早晨，三毛突发高烧瘫在床上。傍晚室友们嬉笑着推门而入，看见满地狼藉瞬间变脸："你怎么搞的？快起来收拾呀！"病痛与委屈瞬间爆发，三毛掀开被子，将床头的化妆品、零食袋狠狠扫落，嘶声吼着："我是来读书的，不是你们的保姆！你们有手有脚，凭什么把我当佣人使唤？"

室友们被三毛突如其来的情绪爆发震住了。从此，宿舍里再没出现过随意乱丢的衣物，偶尔有女孩早起，还会主动擦拭洗漱台。

高手过招

为人当存宽厚之心，行助人之举，这份赤诚本该被珍视，但善意若失去锋芒，便如春水漫堤，终会酿成祸患。须知世间万物皆有尺度，过犹不及皆是歧途。当无原则的迁就成为常态时，实则是为他人对你的伤害提供温床。为人处世当如春日暖阳，

既要播撒光明，也需守住锋芒，唯有以原则为篱，方能护得善意长青。

招式一：用即时反馈替代事后抱怨

当他人首次越界时（如随意占用你的时间、资源），立即用“事实 + 影响”公式表达立场，避免使用模糊语言（下次别这样）回应，用具体事件 + 量化影响增强说服力。

招式二：划定弹性边界

核心区（绝对不可侵犯）：如隐私、身体安全、核心利益。

缓冲带（可协商空间）：如时间分配、精力投入、资源调配。

开放区（主动给予）：如情感支持、经验分享、小组互助。

招式三：善意分级管理

一级善意（随手可做）：帮同事带咖啡、借笔记。

二级善意（需权衡）：代办、垫付大额费用。

三级善意（高风险）：担保贷款、长期代劳。

执行规则：三级善意需设置触发条件（如对方连续三次按时还款才考虑担保）、退出机制（如代办超过三次需支付补偿费）。

看清身边人的真面目

世间百态，有人面如菩萨心藏毒，
有人语似蜜糖行带刺。
性子软如春水，易泛涟漪，却难见暗流。

元末，应天城外烽烟蔽日。朱元璋立于钟山之巅，凝视着江面的战船——西有陈友谅百万水师铁索连环，东见张士诚大军旌旗蔽空，两路军队似双钳合围，将金陵城困作铁桶。正此时，江北急报如雪片飞至：小明王韩林儿亲率的三路北伐军，在汴梁城下遭元军铁骑突袭，红巾军折损过半，汴梁城危在旦夕。

这天，朱元璋决定派兵增援小明王，众将急劝，连军师刘基也坚决不同意。朱元璋却力排众议，对大家说："我自有安排！"

安丰之战后，朱元璋决心把小明王控制在自己手中。他先处处卖乖，把小明王迎到滁州，在滁州给小明王建造了巍峨的宫殿，安排了威武的銮驾仪仗、丰厚的食物和华丽的服饰。朱元璋表面上用好话把小明王哄得舒坦，背地迅速安排亲信，对小明王实行封锁、隔离，甚至把侍奉小明王的宫中人员全部换成自己的部下。从此，小明王的一切，统统在朱元璋的掌握之中。后来，朱元璋又用借刀杀人之计杀了已无利用价值的小明王，而临死时，小明王还念念不忘朱元璋的大恩大德。朱元璋通过控制小明王既得了江山又得了人心。

高手过招

看人，要让利益成为照妖镜，让细节成为验金石。通透者，懂得在春风化雨中布下试探，于无声处听惊雷。当"人"与"鬼"在利益面前现形时，你便拥有了守护内心的铠甲——从此，春水可润物，亦可自保。

招式一：让利益照见本心

利益面前，人的真实面目易显露。制造一个小型利益场景，观察对方反应。警惕那些闻利而动的人。

招式二：让细节暴露真相

生活中，总有人会认为，我花了钱了，我是消费者，我就该是上帝。但此时，他的道德和教养，也就暴露出来了。人对弱者的态度，是大脑边缘系统最本能的反应，关注对方对服务员、动物、陌生人的态度，就能看出其道德水平的高低。

招式三：让是非穿透谎言

道德感差的人一定把自己放在首位，不管是非对错，先让自己占便宜，或者先把自己撇清再说，其基本标签是“弱就有理”“不懂有理”“不知道有理”。看一个人，在是非面前，最是清晰。

过分热情的人，往往带有某种目的性

突然间对你极热情的人，需要保持警惕。
这样的人，不是想赚你的钱，就是对你有所求。
此时要把你的边界感，筑成一道美丽的防御线。

王芳和大美平时没有什么交集，属于点头之交的那种，彼此之间也没有什么利益瓜葛。

五一小长假快要结束的时候，大美突然提着大包小包来到王芳家。一进门就笑着说："我刚从老家回来，带了些土特产，几只家养的老母鸡，还有一些笨鸡蛋，都是给孩子带的，孩子青春期长身体，您可别和我见外。"

王芳心中疑惑，他们这种泛泛之交，按理说不该有这种人情往来，可是人家都拎着东西上门了，总不能把对方赶走吧？

于是王芳硬着头皮把东西接了下来。大美离开以后，王芳依旧十分疑惑，不知道对方为什么要这样做。

数日后，大美突然给王芳打电话："芳姐，家里孩子该读书了，想去一中，突然想到您人脉广，能说上话，所以不得已才打这个电话。您别多心，要是不方便就直说，咱们姐妹没说的，下次我再给您带两只老母鸡来。"

王芳十分郁闷：帮这个忙，自己要用很大的人情；不帮，可是吃人家的嘴短。为此，王芳陷入了苦恼，后悔收了大美的土特产。

高手过招

对你突然"过分热情"的人，是一种投机心理，本质是用低成本社交动作套取高价值回报。他们的热情是钩子，目的是让你放下防备，掉进"人情陷阱"，以便自己日后对你提出要求，或是进行某种索取。

招式一：量化对方付出

当对方以“小恩小惠”绑架时，可主动将成本显性化。例如：“你带这么多东西来，真让我过意不去，要不我按市场价折现给你？否则我受之有愧。”

招式二：转移成本方向

若无法拒绝，可同步给予等价反馈（如回赠等价礼品），将单向索取转化为双向交易，削弱对方“道德筹码”。

招式三：切断“人情循环链”

若已接受礼物，切勿因愧疚感妥协，可明确告知：“东西我收下了，但 ×× 事确实超出我的能力范围，我会另想办法补偿你。”避免陷入“拿人手短”的恶性循环。

若对方持续施压，可反向道德施压：“我为了帮你打听这事，欠了人情还被朋友抱怨，要不你再想想其他办法？”将压力转移给对方。

无底线的原谅，只会招致无底线的伤害

不要轻易原谅故意伤害你的人，
哪怕他千般道歉、万般讨好也不要心软，
因为他当初伤害你的时候，才是真面目，
他现在“痛改前非”，极可能是另有目的。
真心给错了人，只会换来寒心；原谅给错了人，只会苦了自己。

丈夫喜欢喝酒，而且每次喝完酒以后就开始耍酒疯，经常对妻子拳脚相加。

妻子每次被打以后，都会信誓旦旦地说必须离婚，决不给他再伤害自己的机会。

然而每次丈夫酒醒，痛哭流涕地道歉，并保证再不喝酒以后，妻子又默默收起了草拟的那份离婚协议书。

就这样，丈夫一次又一次地食言，妻子一次又一次地被家暴，而且一次比一次严重。直到有一天，丈夫失手将妻子砸成了半身不遂。

结果丈夫只照顾了妻子半年，便另寻新欢，远走高飞。妻子一次又一次地原谅丈夫的恶行，最终使自己成了年迈父母余生的负担。

其实，人性就是这样，如果伤害的成本很低，那么伤害就会变得越来越频繁。

高手过招

人性中藏有一种试探心理，那些故意伤害你的人，从一些小的冒犯开始，一点点地试探你的底线，倘若一开始你选择了无需对方付出代价的宽容，他们就会变本加厉，直到将你伤得体无完肤。因为，伤害你的代价太低。

切忌，切割有毒关系，是对自己的负责。

招式一：设置“零容忍清单”

针对原则性伤害，需提前设定“一次即出局”规则。避免陷入从小冒犯到恶意伤害的恶性循环。当对方触碰底线时，需立即启动预设的惩罚机制，让伤害者切实感受到“伤害成本”。

招式二：切断“沉没成本”依赖

识别“情感勒索”话术：伤害者常以“为你好”“还不是因为你，我才……”“你就不能大度一点”等话术绑架受害者，需清醒认知：及时止损不是社交失败，优柔寡断才是对自己的二次伤害。

招式三：练习“情感抽离术”

当陷入“他其实也不是有心的”“他就我这一个朋友”等圣母心幻想时，马上尝试角色互换：倘若是朋友遭遇类似处境，我会如何建议？以此打破自我欺骗的循环。

保持清醒，拒绝捧杀

宁可被戳心，不听上头话。
戳心能让你清醒，捧杀足以使你毁灭。
每天对你夸个不停的人，
要么是想利用你，要么是想看你笑话。

西南某省销售冠军大军独揽两大核心客户，单季业绩抵得上普通总监全年总和。他在区域公司活得极其滋润，提成拿到手软，连顶头上司老高都不放在眼里——总监会迟到早退是家常便饭，有次竟当着全公司拍桌子叫板：“老高你再这样，明天我就带客户跳槽！”

老高当时气得脸都绿了，可第二天态度突然 180 度转弯。部门聚餐时，他亲自给大军拉开主位皮椅，掏出不常抽的华子点上，还往其车后备厢塞了两盒大红袍。最绝的是财务部卡了大军三个月的餐饮发票也给报销了，老高当众发话：“咱们的王牌销售，陪客户喝两瓶五粮液不算超标，大客户会喝便宜酒吗？特事特办。”

这一套操作把大军都整蒙了，起初他还有点防备，耐不住老高一到周末就约他喝酒，KTV 里勾肩搭背唱《兄弟》，连老家寄来的腊肉都分他一半。大军彻底飘了，某天喝得高兴，竟然把老高引荐给了那两个大客户——大家饭局上称兄道弟，饭后娱乐到底。

半年后公司例会，大军座位空着。财务通报他区域业绩暴跌 82%，更炸裂的是，那两家金主爸爸都成了老高的客户。老高在主位上推了推金丝眼镜，语气淡得像白开水：“人才流动嘛，正常调整。”

高手过招

心理学上说，想让一个人变得堕落，就使劲地捧他。

捧，就是过分的逢迎或抬举，导致被捧者忘乎所以，进而出现致命漏洞或犯下重大错误，最终授人以柄或一败涂地。值得注意的是，捧杀往往极具隐蔽性且具有极强的杀伤力。

如果说，你的身边突然出现以下现象，那么千万要小心了。

招式一：突然转变的态度

你和某个同事有过不愉快，此人本身并不是特别大度，然而近期在你面前突然一副尽释前嫌、十分亲切的样子，甚至在别人面前说你的好话。

招式二：突如其来的关照

本身你和上司或者某些厉害人物并无太深交情，然而对方突然对你特别青睐，经常当众表示友好或者捧你，这个时候一定要有防范心。

招式三：反反复复地奉承

一旦有人给你反复植入一些观点：你比 ×× 厉害；×× 远不如你；你的贡献被 ×× 占了便宜；以你的水平，到哪都能混得风生水起。这些话多半不怀好意。

有人对你好，要问问自己凭什么

> 这个世界不存在无缘无故的好，
> 如果有人莫名其妙地主动升温关系，
> 除了嘘寒问暖，还会频繁出现在你身边，
> 这个时候一定要有防范之心。

西街口并排开着两家布庄，东边“永兴记”的徐文总是在柜台后头给客人量体裁衣，西头“陈氏布行”的陈尉却整日叼着牙签倚在门框边。这俩人隔着条青石板路较劲三年，徐文的实诚铺子越开越红火，陈尉的精明算计反倒留不住回头客。

“徐哥！新到的苏杭绸缎，咱去醉仙楼边喝边谈？”陈尉突然出现在永兴记门口时，徐文正抱着匹绸缎给大娘比画。他头也不回地摆手：“心意领了，不好意思陈老弟，我还赶着给张府送料子呢。”陈尉眼珠一转，搬出两坛竹叶青：“这种简单的事情交给伙计呗，咱们边喝边聊生意经。”

三杯黄汤下肚，徐文的话就稠了。陈尉眯眼听着他倒苦水：进货被坑、伙计偷懒、赊账难收，末了拍着大腿叹：“还是陈老弟活得滋润呀！”陈尉暗笑，嘴上却把徐文夸成胡雪岩再世：“要我说，徐哥这手艺这头脑，合该发财！”

从那以后，陈尉像块牛皮糖，粘上了徐文。清明踏青他备好酒菜，端午赛龙舟他包下画舫，但凡新开戏园子，准能瞅见这俩勾肩搭背的身影。徐文渐渐把布庄扔给学徒，自己则和陈尉整日厮混。陈尉早安排妥当，弟弟陈迅坐镇柜台，他自己则搂着徐文称兄道弟。

“徐哥，这批云锦难得一见！”陈尉举着酒杯胡乱指点，徐文迷糊着眼睛直点头。等学徒捧着次品布匹回来，老主顾们纷纷皱起了眉头。那天张府管家拎着褪色绸缎找上门，徐文还在酒馆里抱着酒坛喊：“陈老弟说……说这颜色时兴！”

没过半年，徐文的生意一落千丈，为了生意能维持周转，只好到处借钱。

陈尉则以“资金周转”为名借给徐文十万钱。谁知钱一到手，醉酒的徐文就在

酒楼画舫挥霍了一半。没办法，为了撑住生意，徐文一咬牙又向陈尉借二十万钱，陈尉笑着：“徐哥，亲兄弟明算账，这次月息三分。”

某日，徐文醉醺醺地回到铺子，才发现学徒竟然卷了货款跑路了。

那年年底，陈尉叫自己的弟弟陈迅前去讨债，徐文拿不出钱，只能拿店里的存货先抵一部分债，两家说好来年年底将欠款全部还清。

徐文以为只要自己努力工作就可以东山再起，却忘了客户一旦失去了，再想追回有多难。

第二年年底，陈家兄弟再来讨债，欠款利滚利已经滚到上百万钱，徐文聊起兄弟情谊乞求再宽限两年，陈尉冷笑：“兄弟归兄弟，白纸黑字你想不认账吗？”

最后，徐文的房产、地产、店面全都姓了陈。

腊月里飘起大雪，街坊们看见徐文缩在桥洞底下，怀里还抱着坛低质的竹叶青。而陈家门口，陈尉正把新到的洋布码成山，弟弟陈迅举着算盘吆喝：“东家仁义，前二十名客人送金丝荷包！”

雪粒子簌簌落着，盖住了西街口最后一声叹息。

高手过招

反常殷勤本质是精密的利益探测器，其运作逻辑堪比商业雷达：以情感关怀为伪装，扫描你的社交资本与经济价值；用良好共情作诱饵，瓦解人的心理防御边界；借恩情投资埋暗线，预设未来操控的筹码。所以不要随意沉醉于别人无缘无故的好，需警惕今日递来的玫瑰，明日或成捆绑你的荆棘。

招式一：用利益溯源法拆解反常热情

当他人突然释放善意时，立即启动三连问：他的示好是否符合正常社交逻辑？他的付出是否要求非对称回报？他是否精准知晓我的资源痛点？对连续主动示好且回避核心利益讨论者，自动触发警惕机制。

招式二：执行价值对冲原则

接受他人好意时，同步创造对等价值。譬如收到礼物后三日内回赠等价物品，避免形成情感债务。如同商业合作中的对冲基金，用双向价值流动抵消单方面被套的风险。

招式三：构建情感防火墙系统

在核心资产周围设立防线：重要决策（如签约、借款）绝不在非办公场景进行；培养延迟信任习惯，对认识未满半年者保留 80% 以上的秘密。

不把后背交给任何人

这个世界上，真心帮你的人不多，等着看你笑话的人却不少，
不要把十分信任交给任何人，不要过分期待和依恋身边人。
不把希望寄托在别人身上，才不会掉进别人精心设计的陷阱里。

王安石变法时，将门生吕惠卿锻成变法利刃，殊不知这柄刀从铸造那日起就淬着毒。这哥们表面是改革急先锋，实则是嗜血的政治蜱虫。他替老师草拟新政时，早将每道折子都刻成晋升的阶梯，把变法成果悄悄嫁接成个人政绩。朝堂之上，吕惠卿演得比梨园名角还真，把王安石当铜墙铁壁使，自己躲在阴影里收割权力果实。

后来，司马光被吕惠卿排挤出朝廷，临离京前，一连数次给王安石写信，提醒说："吕惠卿之类的谄谀小人，现在依附于你，是想将变法作为自己向上爬的资本。一旦你失势，他必然又会以出卖你而作为新的晋身之阶。"

王安石对这些话半点也听不进去，他已完全把吕惠卿当成了同舟共济、志同道合的变法同伴。甚至在吕惠卿暗中捣鬼导致他被迫辞去宰相职务时，王安石仍然觉得吕惠卿对自己如同儿子对父亲一般的忠顺，真正能够坚持变法不动摇的，莫过于吕惠卿，便大力推荐吕惠卿担任副宰相职务。

王安石一失势，吕惠卿立即对王安石进行打击陷害。先是将王安石的两个弟弟贬至偏远的外郡，然后便将攻击的矛头直接指向了王安石。

吕惠卿的心肠可谓狠得出奇。当年王安石视他为左膀右臂时，与他无话不谈。一次在讨论一件政事时，因还没有最后拿定主意，王安石便写信嘱咐吕惠卿，这件事先不要让皇上知道。就在当年"同舟"之时，吕惠卿便有预谋地将这封信留了下来。此时，便将信交给了皇帝，告王安石一个欺君之罪，他要借皇上的刀，为自己除掉心腹大患。

虽然说最后因宋神宗对王安石还顾念旧情，没有追究他的"欺君"之罪，但王安石已被吕惠卿背后的刀子刺得伤痕累累。

高手过招

吕惠卿的手法完美诠释了“吸血三重奏”：先以深情建立情感依赖，再通过行为设计制造心理信任，最终在毫无防备时完成价值收割。这种慢性中毒式的伤害往往披着情怀的外衣，让受害者主动将匕首刺向自己。

我们来看看这种人的可视化特征体系。这套识别体系的价值在于，可以将隐性伤害转化为可观测的行为图谱。当我们能像法医解剖尸体般拆解社交毒人的每个动作时，他们的武器就会瞬间失去杀伤力——因为最高明的防御，是让对手在你眼中成为透明人。

招式一：语言病毒库

惯用“为你好”句式包装控制欲：“我也是关心你才这么说，你别介意啊。”

情绪绑架三连：“我这样对你，你却那样对我，太让我失望了……”

招式二：行为操控链

价值否定→情绪安抚→精神绑架三连招。

制造信息黑箱：故意隐瞒关键真相，做局使你顺着他的想法做事。

招式三：能量汲取机制

负能量垃圾场：专挑深夜倾诉婚姻不幸或所谓的职场阴谋；

成就寄生虫：将团队成果包装成个人功绩，同时私下里好话说尽感恩戴德。

认知空转陷阱：用模糊承诺套取免费劳动，如“这件事办好了，看我怎么报答你吧”。

在钱的问题上没有原则，是成年人的灾难

> 只谈钱也许伤感情，只谈感情一定会伤钱。
> 当有人跟你谈感情的时候，或许他正准备让你牺牲利益。
> 有些人就是这样，打着感情的旗号，占着友情的便宜，
> 口口声声情义无价，暗中早已将你标好了价码。

武东福是位草根奇才。20 世纪 80 年代初，某国防项目攻关遇阻，众多专家束手无策，仅有小学文化的他却主动请缨，竟攻克了乳化炸药载体的技术难题。一夜之间，这个湖南农民成了媒体宠儿，中央台都为他制作专题片。乘着东风，他创办节能工程公司，靠着名人效应迅速打开局面。

发家后的武东福始终没忘记当初一起打拼的兄弟们。他在总公司旗下设立十余家分公司，让每位兄弟独当一面，每年只需象征性缴纳管理费。起初兄弟们尚能按时上交，可当发现武东福抹不开面子催债后，白条渐渐取代了真金白银。更有人得寸进尺，以各种名义要求总公司担保贷款，武东福来者不拒。

为维护兄弟情面，武东福定下奇葩规矩：绝不外聘高管和大学生。

他怕城里人瞧不起自己的乡下兄弟，于是固执地守着这个原则。十几年，公司从红火到没落，武东福始终没有想过聘请高级管理人才来改变局面。

同时，赚多少花多少的义气经营方式，导致公司账面始终空空如也，终让企业后继乏力，迅速跌落神坛。

后来，武东福因为收了一张别人拿来抵债的虎皮入狱四个月。出来时，往日兄弟已作鸟兽散，十几家分公司中，仅剩两家分公司负责人还在苦守。心灰意冷的他遣散众人，更执意与结发妻子离婚。这个曾被鲜花簇拥的农民企业家，最终在义气与现实的夹缝中，输掉了全部筹码。

高手过招

2000 多年的儒家文化熏陶，导致国人骨子里认为，谈钱似乎很世俗，也很缺乏人情味。但事实上，不敢谈钱的人，永远成熟不了。

成年人的成熟，在于能以“建设性冲突”替代“毁灭性回避”——既不回避金钱问题，也不将金钱作为关系的唯一纽带。在谈钱时保持专业，在谈情时保持真诚，方能在复杂人际关系中实现“情义无价，但价值有价”的平衡。

我们要树立正确金钱观，打破谈钱羞耻的心理牢笼。

招式一：打破羞耻心——谈钱≠功利

主动将金钱视为价值交换的载体，而非衡量关系的唯一标准。培养“亲兄弟明算账”的契约意识——无论是亲友合伙创业还是日常人情往来，提前制定清晰的财务规则（如股权分配、还款期限），并形成书面协议。账目清晰，既是对彼此的尊重，也是对关系的保护。

招式二：守护利益底线

当他人以感情牌模糊金钱边界时，需主动区分诉求性质。例如，朋友借钱可先评估其还款能力，再决定是否借出或建议其他解决方案，如介绍兼职机会。

招式三：掌握渐进式拒绝技巧

面对不合理要求，先肯定对方情感需求（如“我理解你的难处”），再陈述客观困难（如“最近炒股导致资金紧张），最后提供替代方案（如“我可以帮你联系低息贷款渠道”），避免直接冲突。

成年人的朋友圈，是要经过美化的

> 自己的苦，只能自己扛，
> 自己的心，只有自己懂，
> 不要指望任何人，
> 你把委屈说多了，在别人眼里就成了矫情。
> 成年人发“朋友圈”，是需要经过美化的。

悠悠握着手机的手微微发抖，眼泪啪嗒砸在屏幕上。这是她连续第七天在朋友圈记录失恋心路：

“第三杯长岛冰茶，还是学不会忘记你。”

“凌晨三点的被窝，比你的怀抱更冷。”

…………

配图从哭泣表情包逐渐变成酒瓶特写，昨晚那条“活着真没意思”的九宫格自拍，眼角还挂着未干的泪痕。

清晨的办公室格外静谧。主管把调岗通知放在她的办公桌上，笑吟吟地说道：“小夏，调你过去也是为你好，那边的事情比较少，工作比较轻松，正好可以调整一下情绪状态。”

更刺痛的还是工位上同事们的窃语：

“失个恋而已，天天卖惨给谁看？”

“多大点事儿啊，至于天天演苦情戏吗？搞得跟全世界都欠她似的，自己心里不痛快，还耽误整个项目进度，真晦气。”

“别拉低了整个 Team（团队）的水准！”

“就是，听说上周甲方看到了她朋友圈，觉得影响品牌形象，特意和部门经理聊了这个问题呢！真是一条臭鱼腥了一锅汤。”

“甲方，为什么会看到我的朋友圈？”甲方没有悠悠的微信，她想不明白这是为什么。

最锋利的刀刃往往裹着蜜糖。夜晚，当悠悠习惯性地滑动屏幕，看见大学室友小满点赞了自己那条“或许该消失”的动态时，突然想起，那个总把健身打卡和手作蛋糕晒得像岁月静好的姑娘，不就是竞品公司的销售代表吗？

她突然明白，那些深夜倾倒的情绪垃圾，早已变成他人茶余饭后的谈资，变成竞争对手的情报，变成自己职场升迁的绊脚石。

这冰冷的认知如同兜头浇下的冰水，瞬间熄灭了她心头最后一丝侥幸的暖意。过往那些在疲惫深夜、在信任之人面前卸下的盔甲、袒露的脆弱，此刻都化作无数细小的芒刺，密密麻麻地扎回心上。每一次不经意的抱怨，每一句对上司的微词，每一次对项目的疑虑，甚至那些对未来的迷茫和焦虑……这些曾以为被安全接收，甚至能得到些许慰藉的“情绪垃圾”，原来早已被精心打包、分类、贴上标签，成了他人社交攀附的筹码、谈判桌上攻击她的子弹，以及无声无息堆积在她前行道路上的沉重瓦砾。

从这一刻起，她清楚地知道，这喧嚣的职场丛林里，真正的盔甲，是沉默；最安全的堡垒，是将所有情绪与思虑，深深锁进无人能窥探的心底。那些未能出口的话语，那些深夜的叹息，从此都将化作刀刃，只向内磨砺，再不轻易示人。

高手过招

踽踽而行的世界，谁不是一路受伤，一路成长；谁不是一边咽泪，一边坚强！尝过人情冷暖的人便会明白，自己的痛苦要自己疗伤，自己的故事不能逢人就讲，感同身受的人寥寥无几，大多数人只会守着他们的立场，暗暗戳你的伤。

招式一：做好情绪表达精准管理

公开领域（朋友圈 / 工作群），尽量展示积极情绪，仅展示 10% 可控负面情绪，设置三天可见期限。

招式二：为人设打造多层滤镜

文字滤镜：把抱怨转译为成长感悟，如把“加班累”改为“深夜的灯与成长的声”。

价值滤镜：每条内容需包含知识增量（行业见解 / 生活智慧 / 美学分享）。

招式三：构建情绪消化闭环

将“为什么是我”转化为“这教会了我什么”，建立痛苦转化系统，如同处理污水一般，将生活的浊流转化为滋养心灵的肥料。